푸드 코디네이션

입문에서 현장 연출까지

(사) 한국푸드코디네이터협회
회장 양 향 자

지구문화
JIGU CULTURE

머리말

아름답고 보람찬 생활을 하고자 하는 욕망은 누구나가 가지고 있는 삶의 목표일 것입니다. 사람들은 이 목표를 위하여 치열한 삶을 살아가고 있습니다.
그러면 우리의 삶 속에서 가장 행복한 시간은 어느 때일까요?

사람마다 그 기준이 다를 수 있겠지만, 대부분 여유롭고 단란한 식사시간이 아닐까 합니다. 먹고 마시고 즐기는 식(食)공간은, 가정은 물론 사회생활을 영위함에 있어서 성공적인 비즈니스와 행복을 꽃피우는 중요한 시간과 분위기를 제공합니다.

현대사회에서 식공간은 단순히 '음식을 먹는 곳, 음식이 놓이는 공간'에서 더 나아가 '가정과 사회, 인간 대 인간의 사교적 공간과 시간'으로 새롭게 인식되고 있습니다.
우리나라에서도 1990년대부터 양향자 회장을 비롯한 '푸드코디네이터 아트'들의 활약으로 아름다운 식(食)공간 연출이 눈부시게 발전하고 있습니다.

Food coordinator가 하는 일은 식공간을 목적에 부합되도록 아름답고 행복한 분위기를 연출하여 오감을 만족시키기 위한 작업으로 '식공간전도사'라 할 수 있으며, 요리, 메뉴, 식탁 등 모든 '식공간을 디자인하는 예술'이라 하겠습니다. 따라서 일본, 프랑스 등 선진국에서는 예술적인 감각은 물론, 음식에 대한 충분한 지식과 어느 정도의 조리기능을 갖춘 사람들이 종사하는 고도의 유망직업으로 인식되고 있습니다.

이 책은 식공간 연출로부터 이미지작업, 공간디자인, 실무촬영에 이르기까지 식공간 현장에서 이루어지는 요소들을, 양향자 회장을 비롯한 여러 대학의 교수들이 오랫동안의 경험과 작품들을 정리하였습니다.

특히 1990년대부터 푸드코디네이터의 활성화와 후진양성에 일조해온 (사)한국푸드코디네이터협회는 〈서울 푸드 앤드 테이블웨어 박람회〉를 개최하는 한편, 푸드코디네이터(식공간연출사) 1·2·3급 자격제도를 시행함으로써 이 분야의 발전은 물론, 이 책의 기틀이 되었습니다.

이 책이 글로벌시대 유망직업인 푸드코디네이터가 되고자 하는 분들과 아름다운 음식을 통해 행복을 찾고자 하는 사람들에게 좋은 지침서가 되었으면 하는 바램입니다.

끝으로 이 책의 구성으로부터 기획, 촬영, 편집, 출판에 협력해 주신 모든 분들과 지구문화사 임직원 여러분들께 깊은 감사의 뜻을 표합니다.

2012년 2월

필자 대표

차례

Contents

Part 1 푸드 코디네이터의 이해

Part 2
식공간과 푸드 스타일링 _ 29

Part 3 푸드 코디네이터 실무

Part 4
파티 플래닝과 푸드 코디네이터

Part 5 외식 산업과 푸드 코디네이터의 전망

Part 1
푸드 코디네이터의 이해

1. 푸드 코디네이터란?

지금 우리 사회는 1차적인 욕구인 의식주에 대한 해결차원을 벗어나 사회적·문화적으로 더욱 급속하게 변하고 있다. 그 중에서도 '식'에 대한 욕구는 단순히 먹는 즐거움을 떠나 먹는 식공간을 아름답고 편안하게 연출하며 즐기고자 하는 욕구로 변해 가고 있다.

오늘날의 식공간은 여유가 담긴 문화공간으로 친목을 도모하고 바쁜 일상 중에 휴식을 제공해 주는 공간으로 변모하고 있다. 이에 푸드 코디네이터가 주목받고 있으며 이러한 현실에 발맞춰 더 체계적이고 전문가적인 자세를 갖춰 나가야 하겠다.

푸드 코디네이터의 작업영역은 날로 다양화되고 있는데 주로 잡지사, 방송국, 출판사, CF, 홈쇼핑, 호텔, 레스토랑, 식품회사, 메뉴 촬영, 컨설팅, 파티 플래닝, 음식촬영 스튜디오, 테이블 코디네이션, 식문화교육 등의 다양한 분야에서 두각을 나타내고 있다. 각종 매체의 발달로 인해 음식에 관련된 촬영이 늘고 있어 푸드 코디네이터의 수요는 계속 증가하며 그 영역 또한 더욱더 넓어지고 있다.

푸드 코디네이터는 기본적으로 세계의 식생활 문화 및 역사에 대한 지식, 식자재 및 조리전문지식, 식품가공 및 영양학, 메뉴 · 상품 개발 등 푸드 매니지먼트 관련지식, 식기 및 디스플레이 등 디자인 아트 실무, 테이블 매너, 서비스 매너 등 전반적 인식에 대하여 익혀야 하겠다.

또한 요리에 대한 감각과 미에 대한 감각도 뛰어나야 할 뿐더러 문화와 끊임없이 접촉하여 트렌드를 이해해야 할 뿐만 아니라 먼저 시대에 앞서 나가야 한다.

자신만의 독창성과 창의성을 개발하고 발전시켜 아티스트로서의 자부심을 길러 나가야 하겠다.

또한 인내심과 원만한 대인관계도 푸드 코디네이터에게 필요한 요건이다. 코디네이터와 사진작가, 연출가 등 여러 명이 한 팀을 이루어 작업을 할 때 서로의 의견을 조율하고 조화가 이루어져야 성공적인 작업이 진행되기 때문이다.

서로에 대한 배려가 없다면 만족하지 못할 결과가 나올 뿐만 아니라 어디를 가도 필요한 사람이 되지 못할 것이다. 자신의 단점과 남의 의견도 받아들일 수 있고 또한 타인의 잘못도 바라볼 수 있는 이해심과 인내심, 원만한 대인관계는 필수 불가결한 요소라고 하겠다.

앞으로 사회적 · 문화적으로 발전을 하고 아름다움과 안락함에 대한 사람들의 욕구가 높아갈수록 푸드 코디네이터의 영역은 넓어질 수밖에 없다. 푸드 코디네이터의 직업영역은 굉장히 다양하고 조직에 소속되어 있기보다는 프리랜서로 활동하는 사람들이 더 많기 때문에 정확한 급여 수준이나 푸드 코디네이터의 수도 파악하기 어려운 실정이다. 그러므로 꾸준히 노력하고 발전하여 자신의 가치를 높이고 홍보해야 할 필요가 있다.

간혹 방송매체에서 푸드 코디네이터의 화려한 면만 보고 도전하는 사람들이 많은데 이토록 힘든 현실에 중도에 포기하는 사람들도 그만큼 많다. 밤샘 작업도 많을 뿐더러 끊임없는 아이디어 창출 요구 등 많은 고난을 겪게 된다.

그렇지만 노력과 근성으로 식문화에 대한 전문가로서의 자부심과 자신만의 철학과 특별함으로 최선을 다한다면 트렌드를 앞서 가며 유행을 선도해 가는 아티스트인 푸드 코디네이터가 될 수 있을 것이다.

2. 푸드 코디네이션을 배울 수 있는 곳

1. 국내 교육기관

사설 교육기관

현재 푸드 코디네이터 자격증은 (사)한국푸드코디네이터협회에서 발급되는 우리나라 유일한 민간자격증제도가 1999년도부터 시행되고 있으며, 매년 푸드 코디네이터 1, 2, 3급 자격검정이 이루어지고 있다.

양향자 푸드 앤 코디 아카데미 www.yfa.co.kr
쿠킹 아트센타 www.foodcodi.or.kr
푸드 앤 컬쳐 아카데미 www.fnckorea.com
푸드 코디네이터 아카데미 라퀴진 www.lacuisine.co.kr

국내 대학 및 대학 부설 교육기관

한국호텔관광전문학교 www.kht.or.kr
푸드 코디네이터 인천문예전문학교 www.icac.ac.kr
서울현대전문학교 푸드 코디네이터 www.hyundai.ac.kr
한국예술전문학교 www.kotia.ac.kr

방송촬영실

접견실

코디실

행사준비실

프런트

조리실

2. 국외 교육기관

CIA (www.ciachef.edu)

CIA는 미국 내에서 가장 전통 있는 학교라고 인정받는 요리학교로 뉴욕에 위치해 있다. 뉴욕에서 활동 중인 500여 명의 푸드 스타일리스트 중에서도 최고라고 인정받는 들로레스 커스터(Delores Custer) 씨가 직접 강의를 하고 있으며 푸드 스타일링과 푸드 커뮤니케이션 등 요리에 관련된 전문학과가 세분화되어 있다.

ICIF (www.icif.co.kr)

외국인을 위한 이탈리아 최고의 요리교육기관인 ICIF는 해외 각국에서 명성을 쌓고 있는 이탈리아 요리사를 비롯한 전문가들이 힘을 모아 지난 1991년 4월 19일 이탈리아 북부 피에몬테주 토리노시에서 설립되었다. 같은 해 9월 16일에는 공식적으로 첫 마스터코스 수업이 시작되었다.

비영리법인인 ICIF는 자연친화적인 맛으로 세계인들의 사랑을 받고 있는 이탈리아 요리의 진정한 맛을 전파할 '이탈리아 요리전문가'와 다양한 계층의 '이탈리아 요리대사' 양성을 통해 이탈리아의 음식문화와 맛을 널리 알리는 것을 목표로 한다.

르 꼬르동 블루(www.cordonbleu.edu)

1985년 프랑스 파리에서 개교한 뒤, 거의 1세기에 걸쳐 정통 프랑스 요리와 제과·제빵 기술 교육의 대명사로 불리고 있는 요리학교로서 파리, 런던, 동경, 고베, 오타와, 시드니, 애틀렌타, 서울(숙명여자대학교)에 각각 캠퍼스가 있다.

위생교육, 요리의 역사, 요리도구 사용법 등의 기본적인 요리에 관한 강의가 이루어지는 초급 요리과정을 비롯해 중급 · 고급 과정과 제과 과정이 있다. 프랑스 전통 요리와 단순한 요리기술 이외에 시각효과를 위한 다양한 장식법을 교육한다.

● 재팬 푸드 코디네이터 스쿨(www.jfcs.co.jp)

일본 최초로 푸드 코디네이터 양성 전문학교를 설치하여 다양한 커리큘럼으로 학교를 운영하고 있다. 예전에 푸드 코디네이터라고 하면 TV나 잡지 및 광고 등의 매체에 음식 정보를 제공하고 연출하는 사람이 대부분이었지만 몇 년 전부터는 식품 회사나 유통 또는 외식 산업에서 상품이나 메뉴 개발, 판매 방법이나 점포 개발, 머천다이저(MD) 등 푸드 비즈니스가 증가되고 있다.

여기서는 푸드 비즈니스와 코디네이터 종합 코스에서 푸드 코디와 비즈니스를 모두 공부할 수 있다.

존슨 앤 웨일즈 대학 www.jwu.edu
시애틀 아트 인스티튜트 www.ais.edu
샤던 네바다 커뮤니티 칼리지 www.ccsn.nevada.edu
스케나리 요코 쿠킹 아트 세미나 www.sukenari.co.jp
무사시노 조리사전문학교 www.goto.ac.jp
신주쿠 조리사전문학교 www.shincho.ac.jp
동경성심조리사전문학교 www.shokuryo.ac.jp

3. 푸드 코디네이터의 영역

푸드 코디네이터의 활동영역은 나라와 연령 및 성별을 막론하고 음식에 관한 관심이 높아지면서 그 영역이 확대 · 세분화되고 있다.

요리연구가, 테이블 코디네이터, 푸드 스타일리스트, 다이어트 컨설팅, 레스토랑 프로듀스 컨설턴트, 식품기획자, 상품개발자, 플로리스트, 와인 소믈리에, 푸드 저널리스트(푸드라이터), 티 인스트럭터, 와인 어드바이저, 그린 코디네이터 등으로 나뉘어져 활동한다.

그 영역도 각 나라와 지역마다 많은 차이가 있다. 미국의 경우는 PR, 마케팅, 광고, TV나 영상물과 같이 광범위한 영역에서 푸드 코디네이터의 작업을 필요로 하고 있으며 일본의 경우는 푸드 코디네이터가 디자이너, 카메라맨, 라이터, 일러스트레이터, 이벤트 업자 등의 각 분야 전문가를 총괄하는 사람으로 인식되어 있다.

우리나라의 경우는 일본의 흐름을 따라가는 경향이 많아 푸드 스타일리스트, 테이블 데커레이터, 파티 플래너 등 수년 간 관련 분야에 종사한 후 음식평론가, 식문화 리포터, 레스토랑 컨설턴트, 레스토랑 PR 매니저 등으로 활동하고 있다.

현재 국내 시장의 경우에는 실력 있는 전문가의 부족으로 인하여 인접 영역에서의 비전문가가 이를 대신하고 있는 실정이다.

푸드 스타일리스트

푸드 스타일리스트는 만들어진 요리를 먹음직스럽고 맛깔스럽게 사진으로 형상화하기 위하여 그릇에 담거나 주변의 소품을 준비하는 일을 한다. 음식을 그릇에 담을 때 가장 주의해야 하는 점은 색채(色彩)이다. 색은 미각을 돋우는 데 많은 공헌을 하며, 접시 안에 곁들여 있는 색에 따라 느낌은 변한다.

이러한 색채감각은, 일상에서 색을 느끼고 의식하는 것으로부터 길러진다. 그릇에 음식을 담을 때, 황금비율의 적용 여부는 분위기를 바꿔준다. 그런데 황금비율을 적용하지 않았을 경우, 요리는 모던하면서 평범하지 않은 느낌을 연출한다.

그렇다면 그릇에 요리를 자연스럽게 담기 위한 힌트는 어디서 얻을까? 먼저, 담기 전에 그릇의 모양을 관찰한다. 그리고 그릇 안에 산, 계곡, 강과 같은 자연의 풍경을 배치한다고 생각하면 좀더 자연스러우면서도 친근한 느낌의 작품이 나올 수 있다. 이런 자연 풍경의 모방은 일식에서 많이 이용한다.

푸드 머천다이징(MD)

생산물 · 식품 · 상품을 효율적으로 판매하기 위한 가격, 유통량, 판매 시기, 판매 방법 등의 전략을 세운다. 소비자와 사회의 유해 흐름과 기호를 정확하게 읽어내고 생산자, 소비자, 기업 등과 연계하면서 유통의 구조를 종합하여 프로듀스한다.

상품 개발

식품 재료, 음식에 대한 전문지식과 마켓 리서치의 결과를 토대로 하여 '기업의 팔고자 하는 상품'과 '소비자의 사고 싶은 상품'을 접목함으로써 새로운 상품을 개발한다.

메뉴 개발

- 식품재료, 요리에 대한 전문지식과 소비자 기호에 호응하는 것을 시작으로 외식업체의 상품 메뉴 개발에 참여한다.

- 잡지와 요리 프로그램 등의 기획 콘셉트에 맞춘 메뉴를 개발한다.
- 레스토랑, 연회장을 위한 메뉴 레시피를 예산에 맞추어 제안한다.
- 패키지 개발 상품이 확실하게 소비자에게 어필되기 위한 상품명, 용기, 패키지 디자인의 아이디어를 낸다.

푸드 마켓 리서치

식문화의 전문가로서, 소비자의 니즈(needs)를 파악하여 시장조사 · 실태분석 · 통계화 등을 통해 구매력을 높이고 보다 좋은 상품 개발과 서비스의 제공 등에 조언을 담당한다.

세일지 프로모션 홍보(PR)

새로운 식품과 메뉴, 레스토랑 등의 특징과 화제성 · 필요성 · 편리성 등을 소비자와 판매점 등에 홍보하고, 판매촉진을 이끌어낸다. 신문, 잡지, TV 등의 매스컴에 효과적으로 어필될 수 있도록 취재하고 매출과 연계되도록 홍보한다.

푸드 컨설팅

마케팅에 의거해서 레스토랑의 콘셉트 만들기, 입지선택, 메뉴 구성, 매장과 주방의 설계, 인원배치, 주방교육에 이르기까지 컨설팅을 담당한다. 또한 기본 레스토랑의 리뉴얼(renewal), 업그레이드를 위한 컨설팅도 진행한다.

파티 코디네이션

이벤트 기획 중 파티나 연회 등을 취급하며 연회 목적에 맞는 맞춤형 콘셉트로 연회 장소, 메뉴 구성, 연회장 인테리어 등을 주최자의 의도와 예산에 맞추어 매니지먼트한다.

식생활 어드바이스

식생활에서 오는 병을 예방하고 식생활을 향상시키기 위해서 개인과 단체의 식생활 어드바이스, 잡지나 텔레비전 등 미디어를 통한 식생활과 식단처리에 관한 어드바이스를 담당한다.

인재 교육

'푸드 코디네이터 양성', '푸드 컨설턴트(food consultant)', '대형식품점 판매원 교육' 등을 요청에 따라 기획하고 현장에 투입할 수 있는 인재를 양성한다.

요리 지도

식품 재료, 식문화, 요리법 등에 관한 폭넓은 지식을 바탕으로 기획 콘셉트에 맞추어 메뉴를 제안 · 지도한다.

식품 광고 기획 · 제작

CM 필름, 잡지광고, 포스터, 책자 등을 입안하고 카피라이터, 카메라맨과 제휴하여 제작한다.

음식관련 정보 기획 제작(출판 · 방송 · 멀티미디어)

식생활 전반과 사회의 동향, 유행에 관련한 폭넓은 정보망을 통하여 자료를 모으고 이것을 소재로 잡지, 텔레비전이나 라디오 프로그램, 비디오 등에 내보낼 음식 관련 정보 전체를 입안 기획한다.

푸드 스타일링

식품 재료, 요리, 식시(食時), 와인, 생활 등에 대한 전반적인 지식을 바탕으로 이러한 감각을 살려서 촬영 콘셉트에 맞추어 스타일링하여 사진이나 영상을 촬영한다.

해외 푸드 비즈니스 코디네이터

해외의 외식 비즈니스 현장을 시찰하고, 물건이나 소프트(요리와 관련된 상차림과 순서, 서비스 방법 등)와 같은 정보를 우리의 문화와 시장에 맞추어 재현하도록 한다. 뿐만 아니라 우리의 외식 비즈니스를 해외에 전파하고 보급시키기 위한 기획을 한다.

푸드 어드바이스

대형 식품관, 할인점, 슈퍼마켓, 백화점 등에서 소비자에 대한 상품정보를 조리시연을 통해 전달하고 각종 코디와 연출을 통해 구매의욕을 불러일으킬 수 있도록 상품매출을 극대화하는 일을 기획한다.

식품기획자

식품기획이란 시장분석, 구매층 분석, 콘셉트 결정, 시식, 패키지 디자인 등 전체적인 이미지를 고안하는 업무를 말한다. 식품 기획자는 원가나 코스트 계산, 가격 설정, 제조 개수, 발매 스케줄 등의 조건을 충족시키면서 소비자를 사로잡는 상품을 개발하기 때문에 식품, 화학, 농예화학 등의 지식을 갖춘 전공자들이 많이 선택하게 된다. 우선 신상품을 기획하면 시식을 통한 검토과정을 거친 후 최종 상품이 탄생하게 된다.

플라워 코디네이터

플라워 코디네이터는 꽃을 이용하여 각종 행사장 및 전시회, 레스토랑, 숍 등을 가꾸는 전문가를 말한다. 즉, 연회장에서 요리와 어울리는 꽃을 선별하여 조화롭게 배치하는 일들을 한다.

그린 코디네이터

플라워 코디네이터가 꽃을 가꾸는 전문인이라면, 그린 코디네이터는 관상식물을 아름답게 관리하고 유지하는 전문인을 말한다.

푸드 저널리스트(푸드 라이터)

푸드 저널리스트의 주업무는, 음식에 관한 기사를 주문에 응하여 집필하고, 레시피를 소개하는 요리 기사나 외국의 식문화를 리포트화하는 일들이다. 푸드 저널리스트들은 출판사나 신문사에서 장기간 요리를 담당한 편집자가 프리랜서로 독립하는 경우가 많으며, 그들의 음식에 대한 실체적 경험은 다양한 음식문화에 관한 설득력 있는 문장을 만들어 낸다.

티 인스트럭터

홍차 제품 메이커와 수입업자, 해외 유명 홍차 대리점, 홍차 진흥국으로 구성된 일본홍차협회는 일반인에게 홍차에 관한 지식이나 홍차 타는 법을 지도하는데, 그 자격을 소유한 자를 '티 인스트럭터(tea instructor)'라고 한다. 아직까지 티 인스트럭터의 활동영역은 약소하여, 홍차교실이나 홍차 세미나 주최, 문화센터나 이벤트의 개최를 통한 적극적인 홍보 활동이 필요하다.

상품개발자

상품개발자는 신품종이나 상품개발 업무를 메이커와 함께 진행한다. 가공품의 경우는 상품의 원형이 되는 요리나 과자를 손수 만들어 매뉴얼화하며, 표준화된 상품의 사용법을 다르게 모색해 보기도 한다. 개발자들은 상품을 평이하게 먹는 법과 색다르게 먹는 법, 소비자가 가장 손쉽게 사용할 수 있는 레시피 등을 강구해 낸다.

와인 어드바이저

와인 어드바이저라 함은, 와인 판매의 프로를 말한다. 와인 어드바이저는 프로이니만큼, 손님의 예산과 목적에 따라서 가장 적합한 와인을 선별할 줄 알아야 하며, 따라서 전문지식을 갖추고 있어야 한다. 와인 어드바이저는 여성이 진출하기 쉬운 새로운 직종으로, 여성만이 가지고 있는 섬세한 배려를 잘 살릴 수 있는 이점이 있다.

4. 푸드 코디네이터의 자질

미국, 유럽 지역의 푸드 코디네이터가 일하는 영역과 일본의 푸드 코디네이터가 일하는 영역에는 약간 차이가 있다. 즉, 나라마다 이들의 활동영역을 달리 보고 그에 따라 갖추어야 할 자질도 다르게 규정하고 있다. 푸드 코디네이터의 자질을 크게 미국과 일본의 경우로 나누어 보면 다음과 같다.

1. 미국에서 푸드 코디네이터의 자질

푸드 코디네이션의 개념이 일찍부터 자리 잡은 미국이나 유럽에서는 요리를 전담하는 스타일리스트, 조리된 음식을 아름답게 담아내는 푸드 스타일리스트, 주변에 놓일 소품과 그릇을 담당하는 프롭(prop) 스타일리스트, 제과 · 빵 스타일링을 전문으로 하는 제과·제빵 스타일리스트 등 하는 일이 전문적으로 세분화되어 그 영역이 확실히 구분되어 있다.

그러나 우리나라에서는 푸드 코디네이터가 본인들의 영역에 대한 특별한 구분없이 조리에서부터 소품 및 패브릭을 포함한 전체적인 스타일링까지의 전 분야에 걸쳐 활동하고 있는 실정이다.

다음은 미국의 유명 푸드 코디네이터들이 이 직장을 갖고자 하는 사람들에게 반드시 갖출 것을 당부하는 자질이다.

• 조리능력과 식문화의 이해

- 음식과 관련된 분야에서의 정규 교육
- 레스토랑에서의 근무 경력
- 디자인 감각의 습득
- 신메뉴 기획 및 마케팅 능력
- 식품분야의 제작 흐름에 대한 이해
- 실전 활동을 위한 예비실습 훈련

2. 일본에서 푸드 코디네이터의 자질

일본에서는 요리와 푸드 스타일링, 테이블 데커레이션, 플라워 어레인지먼트, 파티 계획, 케이터링 등 다양한 영역에서 활동하는 전문가를 통틀어서 푸드 코디네이터라고 지칭한다. 즉 좁은 의미로는 레시피(recipe)를 고안하고 접시에 담아내는 일부터 메뉴 플래너로 레스토랑 메뉴 개발, 백화점 등에서의 요리관련 상품 디스플레이, 잡지 사진이나 음식 패키지 사진의 스타일링, 드라마와 영화 속의 음식 스타일링, 푸드 저널리스트로 식품이나 레스토랑 관련기사 작성, 플라워 및 공간 데커레이션, 파티 플래너로서 파티 기획 및 케이터링 비즈니스에 이르기까지 푸드 코디네이터의 일은 다양화 · 세분화되어 있다.

푸드 코디네이터가 되기 위해서는 크게 구성력, 기획력, 발상력, 연출력 등이 필요하다. 다음은 일본의 푸드 코디네이터가 갖추어야 할 자질에 관한 내용이다.

(1) 식문화에 대한 이해

요시다 슈지에 의하면, "식문화란 식품의 생산으로부터 사람이 섭취할 때까지를 그 범위로 한다. 즉 음식을 만드는 것, 저장하는 것, 가공하는 것, 운반하는 것, 파는 것, 사는 것, 조리하는 것, 진열하는 것, 먹는 것, 맛보는 것, 소화하는 것까지 포함한다.

이 중에서 음식을 만드는 것부터 가공하는 것까지를 음식의 생산문화라고 부르고, 운반하는 것부터 사는 것까지를 유통문화, 그리고 조리하는 것부터 소화하는 것까지를 식사문화라고 부른다."라고 정의하고 있다.

식문화를 받아들일 때는 다른 문화와의 비교가 중요한데, 그 이유는 '고유한 문화란 타문화와의 비교를 통하여 독자성을 주장할 수 있기 때문'이다.

또한 식문화는 때와 장소를 중요시하므로 역사성과 장소성이 중요하며, 주관적 · 관찰적 · 개별적인 관점에서 볼 수 있어야 한다.

(2) 맛에 대한 다양한 경험

먹는 것은 "눈으로 보고, 코로 냄새 맡고, 피부로 만지고, 귀로 듣고, 혀로 맛보는 것"과 같은 감각기의 말초감각으로 수용되고, 대뇌 피질에서 이를 지각 · 판단한다. 이렇게 얻어진 음식의 독특한 맛 체험은 쉽게 기억되고 또 그 기억은 오래 지속되며 학습효과, 즉 습관에 의해 굳어지고 또 수정된다.

음식이 맛있는 것은 음식의 특성이 아니라 심리적 경험이다. 식욕이 생기는 것은 음식을 먹고자 하는 욕구에서 시작한다. 음식 맛의 좋고 나쁨에 관한 기준은 식사시의 기분이나 정신적 긴장도에 의해 좌우되어 이러한 심리상태는 먹은 후의 소화 · 흡수에도 영향을 준다.

음식에 대한 감정으로 가장 대표적인 것은 '맛있어 보인다' 혹은 '맛있다'이다. 또 이에 반대되는 '맛없어 보인다' 혹은 '맛없다'라는 감정이 있다. 테이블 세팅에서도 '아름답다', '편안함을 느낀다', '기분 좋다' 등과 같은 감정이 있다.

(3) 음식에 대한 표현능력

음식에 관한 정보를 어떻게 설명하는가 하는 것이다. 요리는 냄새, 맛, 씹는 느낌, 포만감 등과 함께 종합적인 만족감을 주지 않으면 안 된다. 음식에는 물리적 · 화학적으로 측정 가능한 다변적인 특성이 있으며 이를 말로 표현하는 것은 중요하다. 예를 들어 맛있다↔맛없다, 딱딱하다↔부드럽다, 싱겁다↔맛이 진하다 등의 대립적 표현 외에 수많은 묘사에 의해 음식의 맛있는 정도와 좋고 싫음의 정도가 표현된다. 또 그 표현법은 민족에 따라 다르기도 하다.

(4) 식탁을 아름답게 연출할 수 있는 능력

식탁의 미학이란, 식문화 중 식탁을 중심으로 한 다양한 '장식'이나 '연출'을 통한 메시지 전달 등의 '미(美)'를 대상으로 하는 분야이다. 여기에는 식탁구성, 식기나 상차림의 미학, 대접의 미학, 식사예절 등이 포함된다.

밥상에서 먹는 식사가 테이블 식사로 변화하고, 앉아서 하는 식사가 걸터앉는 식사로 변하기도 하는 등 테이블 위에서의 여러 가지 변화가 다양하게 전개되는 현재에는, 다양한 테이블 웨어에 의한 조화된 식탁미가 창조되고 있다.

(5) 커뮤니케이션 능력과 네트워크 능력

뛰어난 기획력은 푸드 코디네이터의 중요한 자질이지만 여기에 자신이 갖추지 못한 재능이나 능력이 있는 사람과의 의사소통을 통한 정보획득 능력과 이를 네트워크로 연결시키는 능력도 필요하다. 푸드 코디네이터 혼자만의 경험은 제한되어 있으므로 한계점을 지니고 있다. 따라서 자신에게 부족한 것을 보충하기 위해서는 먼저 많은 사람들과 만나 보면서 많은 가치 있는 정보와 새로운 아이디어를 창출할 수 있어야 한다.

커뮤니케이션의 유무와 네트워크 능력의 차이가 유능한 푸드 코디네이터인지 아닌지를 결정하는 척도라고 할 수 있다.

(6) 프리젠테이션 능력

아무리 재미있는 발상이고 획기적인 기획안을 가졌다 하더라도, 그것이 고객들에게 인정받지 못하면 최종적으로 아무것도 할 수 없다. 그러므로 푸드 코디네이터는 프리젠테이션 능력, 즉 효과적인 발표능력을 갖추고 상대방을 설득하여 본인이 원하는 기획안을 실현시켜야 한다. 가장 중요한 것은 고객들에게 있어 '가치 있는 정보 제안'을 얼마만큼 구체적으로 알아듣기 쉽게 설명할 수 있는가 하는 것이다. 물론 자기의 생각을 분명하고 설득력 있게 전달할 수 있는 대화술도 중요하다.

(7) 팀워크 능력

고객에게서 기획안의 통과를 얻고 난 후, 구체적인 제작에 들어가면 이 단계에서 푸드 코디네이터는 프로듀서가 된다. 여기서 말하는 프로듀서란, 모든 분야의 전문가(예를 들면 디자이너, 기자, 카메라맨, 소품 담당 스타일리스트, 일러스트레이터, 유통업자, 이벤트 업자, 시장 관계자 등)를 총괄하여 최종적으로 원하는 목표에 다가가는 사람을 말한다. 현장에서는 전문가의 능력을 최대한으로 발휘하여, 팀워크를 잘 유지할 수 있는 사람이 요구된다.

그러나 진짜 실력 있는 프로듀서가 되기 위해서는 폭넓은 지식과 인간관계가 갖추어져 있고, 여기에 대응하고 행동할 수 있는 힘이 있어야 한다. 매일매일의 끝없는 노력만이 성공에 다가가는 지름길이라 할 수 있다.

Part 2
식공간과 푸드 스타일링

1. 색채학

1. 색의 이해

색은 빛이 있으므로 존재한다. 색채는 물체 자체가 발광하는 것이 아니라, 빛을 받아서 반사 또는 투과, 흡수를 통해 우리 눈의 망막과 시신경을 자극함으로써 감각적 현상으로 나타나는 것이다. 빛과 색은 궁극적으로는 같은 것으로, 색(色)이란 단지 물체에 의해 반사된 빛이 우리의 시각을 통해 평가되는 것이다.

오감에 의해 들어오는 정보 중 시각에 의한 것이 약 90%일 정도로 빛과 색에 대한 반응은 결정적이다. 그러나 어떤 개인이 빛과 색에 대해 어떠한 반응을 나타낼지 본인 이외의 다른 사람이 예측하기란 매우 어렵다.

푸드 코디네이터는 인간의 환경을 이루고 있는 감각적인 요소, 모든 대상의 정서 상태, 즉각적인 변화, 트렌드 색감 등을 민감하게 받아들여야 한다. 그러나 색이란 것은 예측하기 어려운 것이므로 푸드 스타일링을 할 때 모든 사람에게 만족을 주기 위해서는 색에 대한 전반적인 이해가 필요하다.

2. 색의 종류

색은 크게 유채색과 무채색으로 나뉜다. 색의 밝기를 나타내는 하양과 검정, 그 사이의 무수히 많은 회색들이 존재하는데 이를 무채색, 이 무채색을 제외한 색을 구분하는 모든 색을 유채색이라고 한다. 유채색은 순색을 포함하여 순색에 무채색을 혼합하는 비율에 따라 무수히 많은 색을 만들어 낼 수 있다.

(1) 순색

각 색상에 있어서 가장 순수한 빛의 색을 말하며, 색들 가운데 채도가 가장 높은 색이며, 무채색이 전혀 섞이지 않은 색이다. 삼원색(Cyan, Magenta,Yellow) 중 두 가지 색만을 섞어서 만드는 색을 말하고, 원색도 포함한다.

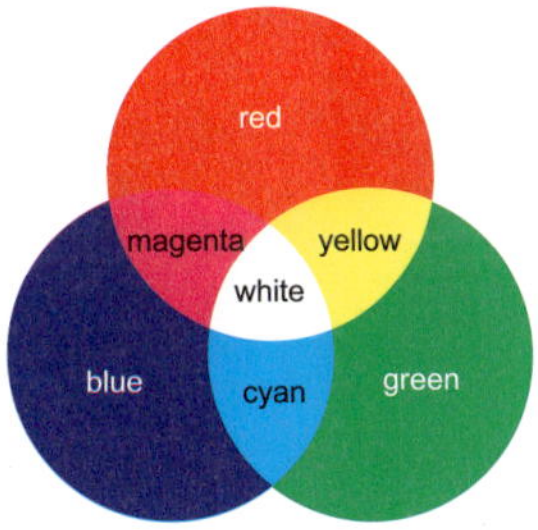

색의 삼원색

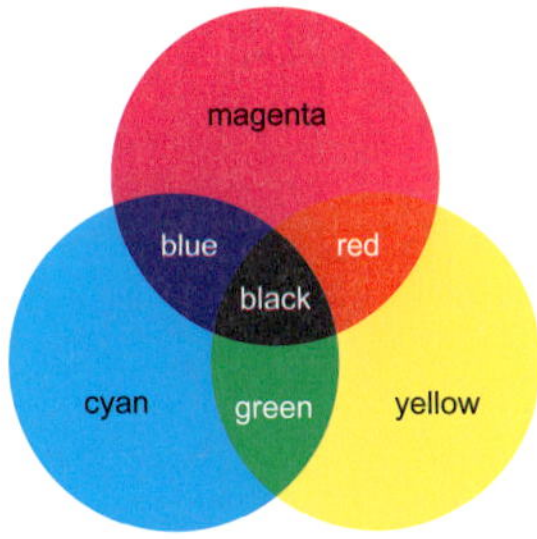

빛의 삼원색

두 가지 색의 비율에 따라 빨간색, 주황색, 노란색, 연두색, 초록색, 청록색, 파란색, 보라색 등의 색이 만들어진다. 그리고 순색은 흰색, 회색, 검은색 등의 무채색이 전혀 들어가지 않은 순수한 색을 의미한다.

(2) 무채색

색입체의 중심축을 이루고 있으며 흰색과 검정색의 중심인 회색이 무채색에 속한다. 색상과 채도는 없으며, 무채색의 온도감은 중성색에 속한다. 감각상 색상, 채도가 없고 명도만으로 밝다와 어둡다로 구별된다.

물리적으로는 물체의 표면에 입사하는 빛이 선택흡수되지 않고 각 성분의 파장에 대해 골고루 반사흡수될 때에 나타나는 색으로, 그 밝기는 표면에서의 빛 반사율 또는 흡수율로써 정해진다.

(3) 유채색

물체의 색 중에서 색상이 있는 색이다. 명도(明度) 차원만을 포함하는 무채색(白·灰·黑)을 제외한 모든 색, 즉 적(赤) · 녹(綠) · 청(靑) · 자(紫) 등 유채색을 분류할 때에 그

각 색에 붙인 명칭 또는 기호를 그 색의 색상이라고 한다. 단, 상기한 색 외에, 예컨대 연주황색· 황토색· 다갈색· 감귤색 등 일반적으로 관용되고 있는 색명은 단순히 색상뿐이 아닌 색의 채도 · 명도를 포함해서 독자적인 색을 말하는 경우가 있다.

또한 개개의 유채색은 색상 · 명도 · 채도라고 하는 감각적인 요소에 의해서 분류되는데 어떤 색상 중에서 가장 채도가 높은 것은 그 색상 중에서 가장 순도(純度)가 높은 색이라는 의미에서 순색(純色)이라고 한다.

- 색상 · 명도 · 채도가 모두 존재하는 색
- **순색**: 아무것도 섞여 있지 않은 원색으로 가장 채도가 높은 색
- **명청색**: 순색 중 명도가 높은 색 (순색+하양)
- **암청색**: 순색 중 명도가 낮고 어두운 색 (순색+검정)
- **탁색**: 회색이 섞인 채도가 낮은 색

3. 색의 속성

색을 구분하고 지각하는 요인을 색의 속성이라고 하는데 이는 세 가지로 나누어진다. 색의 차이, 즉 빨강과 파랑 및 노랑 등으로 구분되는 것을 색상(Hue, H), 밝고 어두운 정도의 차이를 명도(Value, V), 선명하고 탁한 정도를 채도(Chroma, C)라고 한다. 세상의 모든 색은 색상, 명도, 채도의 속성을 가지고 있으며 이를 색의 3속성이라고 한다.

(1) 색상

색상은 다른 색과 구별되게 그 색만이 갖는 독특한 성질을 의미한다. 광학실험에서 태양의 빛이 분사할 때 스펙트럼 상에서 분명하게 구별되는 색인 빨강, 노랑, 초록, 파랑, 보라를 기본 색상으로, 주황, 연두, 청록, 남색, 자주를 중간 색상으로 하여 이를 기본 10색상으로 먼셀(Albert Henry Munsell, 미국의 화가이자 색채교육자)이 색체계를 정리하였다.

각각의 뚜렷한 성격을 갖는 색상은 따뜻한 색, 차가운 색, 중성색 등으로 색의 온도감 또는 계절감 등을 표현한다.

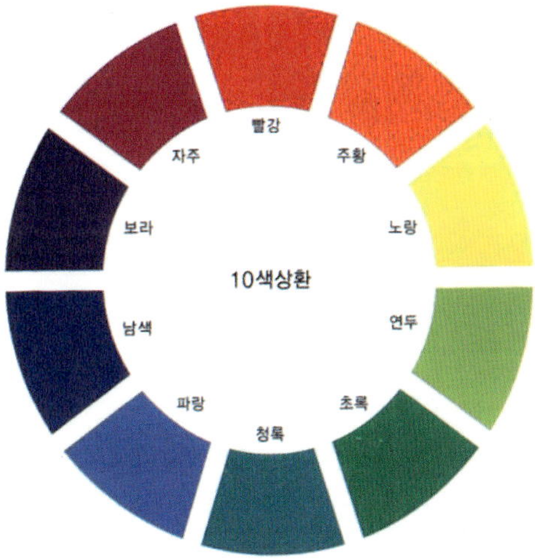

(2) 명도

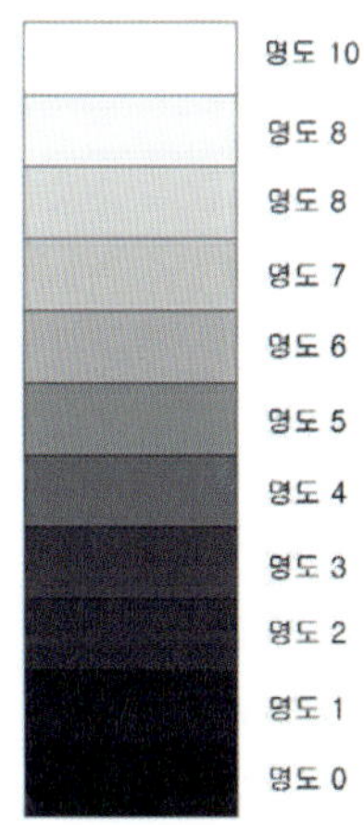

명도는 밝고 어두운 정도를 말한다. 색의 3속성 중에서 인간의 눈에 가장 예민한 것이 명도이다. 순색에 검정을 혼합하면 암색이 되고, 흰색을 혼합하면 명색이 된다. 흰색부터 검은색까지 11단계로 구분하며 이를 그레이스케일(gray scale)이라고 한다.

흰색에 가까울수록 명도가 높고, 검은색에 가까울수록 명도가 낮다. 명도가 높고 낮은 차이는 시각적으로 가벼움과 무거움 등의 경중감 혹은 입체감과 밀접한 관계를 가지고 있다.

(3) 채도

채도는 색의 선명한 정도를 나타내고 색의 강약을 의미하는데, 선명한 색을 채도가 높다, 탁한색을 채도가 낮다라고 말한다. 즉, 순색에 무채색을 혼합하면 혼합할수록 선명도가 떨어지게 되므로 채도가 낮아진다. 가장 고채도인 순색을 표시하는 단위는 vivid이다.

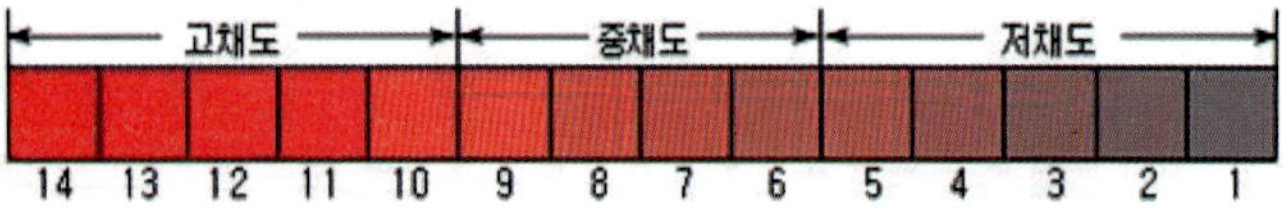

4. 색체계

색에 관한 다양한 속성을 체계적으로 연구하여 정리한 색체계로는 '먼셀 시스템'이 있다. 색의 3속성인 색상, 명도, 채도의 연관성을 체계적으로 기술한 색채 시스템으로 미국의 화가이자 색채 연구가인 먼셀에 의해 1905년 창안되었고, 1929년 색 표집 으로 출판되었다.

그 후 여러 차례 수정을 거치게 되면서 1943년 미국광학회(OSA)에 의해 수정된 수정 먼셀 색체계는 이후 세계적으로 널리 사용되는 색에 관한 체계가 되었다.

표색계는 계통적 · 정량적으로 색을 표시하는 체계를 말하며, 이 체계를 통해 색을 측정하고 계량하는 것이 가능하다. 예술, 디자인, 건축, 직물, 인쇄 등 분야마다 수많은 색체계가 있으나 그 중 과학적 연구와 일반적 사용을 위해 먼셀, NCS, DIN, Pantone 등이 지각적 색 단계와 통일된 색 공간의 표준으로 사용된다.

(1) 먼셀 표색계

미국의 먼셀이 1905년에 표색계를 창안하였다. 그 후 1940년 미국의 광학협회가 수정한 수정 먼셀 표색계는 표준색표로서 시판되었다.

우리나라에서도 이 표색계를 '색의 3속성에 의한 방법' 이라는 제목으로 한국공업규격(KSA0062)에서 채택하였고, 색채 교육용으로 사용하고 있다.

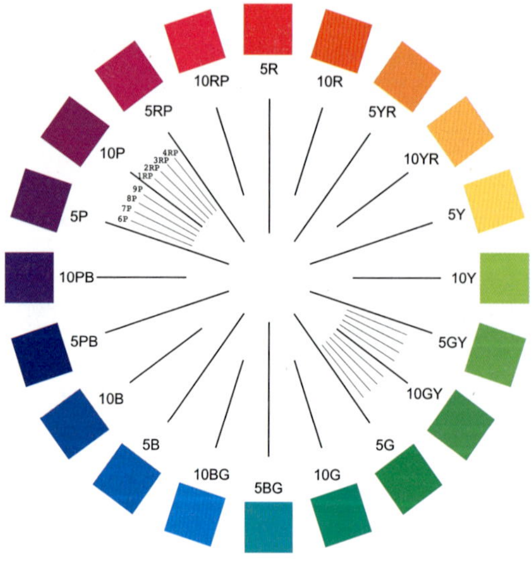

합리적인 표색방법으로 국제적으로 널리 사용되고 있는 표색계이다.

(2) 오스트발트 표색계

노벨 화학상 수상자인 독일의 오스트발트(Friedrich Wilhelm Ostwald, 1853~1932)가 1916년 창안한 표색계이다.

대응색인 빨강(red)-초록(sea green), 노랑(yellow)-파랑(ultramarine blue)을 기준으로 그 사이에 주황(orange), 연두(leaf green), 청록(turquoise), 보라(purple)의 중간색을 더한 8가지 기본색을 다시 각기 3등분하여 24색상환으로 구분하였다.

맥스웰 회전 혼색기의 색 분할 면적 비율을 바꾸어 여러 가지 색을 만들 수 있다는 원리에 따라, 1923년에 정삼각형의 꼭지점에 그 색상환에 의한 순색과 흰색 및 검정을 배치한 색 삼각 좌표 안쪽의 각 좌표색들을 그 세 가지 성분의 혼합비로 표시함으로써 오스트발트 표색계를 완성하였다.

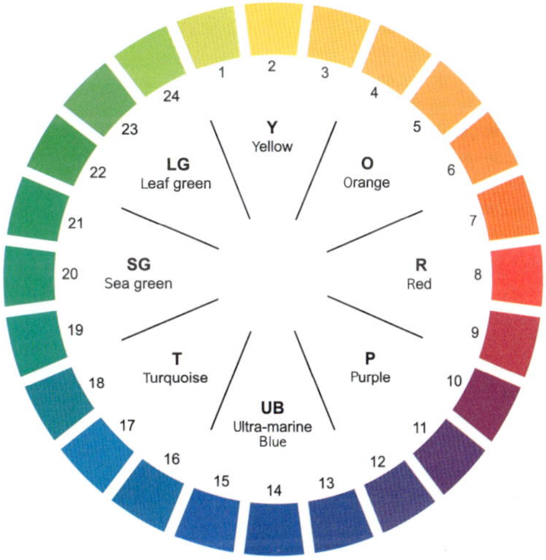

5. 색의 대비

두 가지 이상의 서로 다른 색을 이웃하여 놓았을 때 서로 영향을 주고받아 기존의 색이 다르게 보이는 현상을 '색의 대비'라고 하는데, 어떠한 색을 주시하다가 다른 색을 보았을 때 처음에 본 색을 기억하는 잔상(殘像) 때문에 일어나는 현상으로 각각의 색에 영향을 받는다는 것이다.

(1) 색상대비

조합된 두 색이 실제의 색과 다르게 보이는 것을 말한다.

이 경우, 조합된 색들의 색상환 상에서의 위치가 멀수록 서로의 색상은 강하게 보인다. 즉, 색상대비는 보색끼리 조합했을 때 가장 대비가 크다. 즉, 같은 보라색이라도 빨강보다는 색상차가 큰 파랑과의 조합인 보라의 대비가 더 크다.

(2) 명도대비

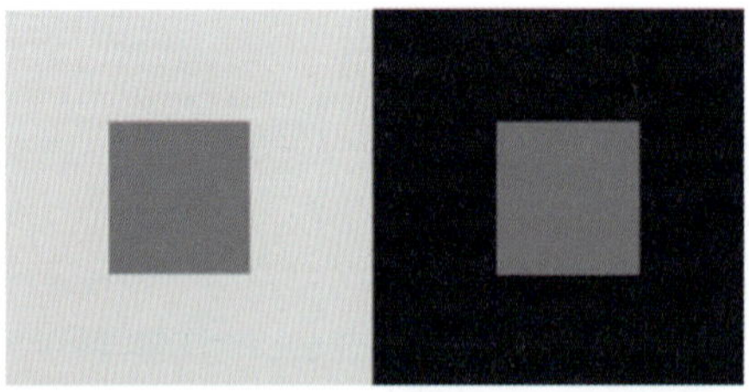

명도대비는 명도가 다른 색을 조합했을 때 명도가 높은 색은 보다 밝게 느껴지고 명도가 낮은 쪽은 보다 어둡게 느껴지는 효과를 말한다. 그리고 이 효과를 확실하게 표현하기 위해서는 조합한 색의 명도차가 클수록 좋다. 예를 들어 방의 조명은 바깥이 어두울수록 밝게 느껴지는 것과 같은 이치이다.

(3) 채도대비

채도가 서로 다른 두 가지 색이 배색되어 있을 때에 생기는 대비로 어떤 색의 주위에 그것보다 선명한 색이 있으면 그 색의 채도는 원래 가지고 있는 채도보다 낮게 보인다. 채도차이가 클수록 효과도 커지므로 돋보이게 하고 싶은 색이 있다면 주위를 탁하게 하면 대비 효과를 볼 수 있다.

(4) 보색대비

보색관계에 있는 두 가지 색이 배색되었을 때에 생기는 대비로, 서로 보색관계인 두 색이 있을 때 서로의 영향으로 채도가 강조되어 더욱 선명하게 보이는 현상을 말한다.

6. 색의 배색(색의 조화)

(1) 동일색상 조화

동일한 색상의 범위에서 명도와 채도를 달리하는 배색으로 전체적으로 조화롭고 통일감을 주어 안정된 느낌을 주는 배색이다. 하지만, 시인성(식별성)이나 주목성이 낮아 잘못 사용하면 지루하거나 식상한 이미지를 나타낼 수 있어 명도와 채도의 차이를 적절히 배색하는 것이 중요하다.

(2) 유사색상 조화

색상환에서 가까운 위치에 있는 색상과의 조화를 말한다. 예를 들어 녹색의 유사색은 색상환에서 양 옆에 있는 노랑과 파랑이 되며, 색상환에서 근접한 이들은 서로 공통된 느낌을 주므로 조화롭고 균형 있는 색의 조화를 얻을 수 있다.

(3) 대비색상 조화

색상환에서 보색(가장 멀리 마주하고 있는 색)관계에 있는 색끼리의 배색으로 생동감 있고 강한 느낌을 준다. 따라서 너무 많은 색이나 넓은 면적의 사용은 피하고 포인트로 시선을 잡아주는 역할로 사용하면 좋다.

제시된 사진은 초록색의 샐러드에 대비되는 빨강을 포인트로 주어 샐러드가 더욱 맛있는 음식으로 보일 수 있도록 연출한 예이다.

7. 배색에 따른 색상 분위기

색은 한 가지 이상의 여러 색상이 어우러져 조화를 이룰 때 효과가 극대화된다. 이때의 색과 색의 조화 및 효과를 배색이라고 한다.

색은 조화되는 색상에 따라 매우 다양한 이미지가 연출되므로 다양한 색채의 수많은 대입과 비교를 통한 작업은 더 나은 이미지와 감성을 표현하기 위해 매우 중요하다.

수많은 색에 모든 사람이 동일한 감성을 갖기는 매우 어려우나, 컬러가 갖는 공통된 이미지를 객관적으로 파악하고 적용할 수 있도록 이미지를 분석하는 도구로써 아래의 이미지 스케일은 유용하게 사용되고 있다.

이는 과학적 분석을 통한 객관적 자료로써 이를 바탕으로 배색 원리를 이해하고 적극적으로 활용할 수 있는 안목을 높이며 늘 새로운 감각을 가지기 위해 색을 관찰하는 훈련이 요구된다.

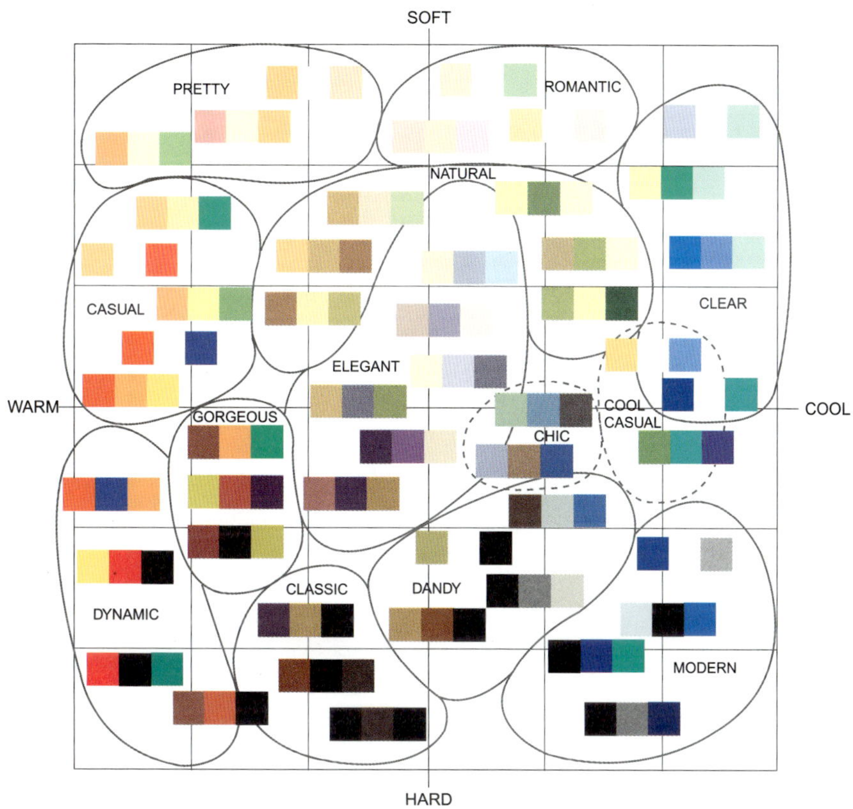

8. 주조색, 보조색 및 강조색

전체적 이미지, 즉 분위기를 좌우하는 것은 바로 색이다. 색만 잘 활용하여도 완성도 높은 이미지를 연출할 수 있는데, 이때 주의할 것은 면적에 비례하여 색을 사용해야 한다는 것이다.

영화에서도 주연과 조연의 역할이 각각 있는 것처럼 이미지를 표현하는 색에도 주연급과 조연급이 있다. 이들의 비율이 조화롭게 이루어질 때에 보기에도 편안하고 안정된 이미지가 연출된다.

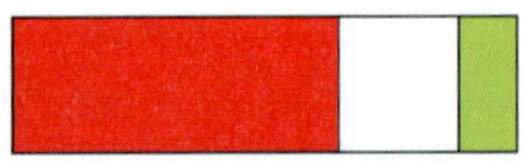

색의 조율을 이루는 색은 주조색, 보조색, 강조색의 세 가지로 분류할 수 있으며, 각각의 특징들을 살펴보면 다음과 같다.

주조색은 이미지의 전체적인 분위기를 결정하는 색이며, 약 70% 정도로 가장 많은 부분을 차지하는 색을 말한다. 많은 부분을 차지하는 만큼 공간 및 음식의 특성을 잘 살릴 수 있는 색을 선택한다.

주조색 다음으로 많은 공간에 사용하는 색인 보조색은 전체의 20%를 차지하는 색으로 동일, 유사, 보색 색상 조화 등의 통일감을 고려하여 선택한다.

악센트를 주어 신선한 느낌을 만드는 강조 역할의 색으로 사용되는 강조색은 전체의 약 5% 정도의 비율을 차지하는 색을 의미한다. 이는 전체적 분위기에서 변화를 줄 만한 요소로 냅킨이라든지 커트러리류가 적용될 것이다.

2. 식공간의 테이블 세팅

1. 식공간이란?

인간이 생명을 유지하기 위해 가장 기본적인 생리적 요소로 취하는 것이 식(食)이다. 또한 식(食) 행위는 어떠한 공간을 토대로 하여 이루어지는 것으로, 식공간이란 말 그대로 음식을 먹기 위한 공간인 것이다. 따라서 식(食)이 이루어지는 공간은 모두 식공간의 가능성을 열어두는 것이 바람직하다.

그러나 현대사회에서의 식공간은 음식을 먹기 위한 일차적인 공간이 아니라 식사와 함께 서로간의 커뮤니케이션이 이루어지는 중요한 공간이므로 식공간이 좀더 아름답고 기능적이며 사람이 중심이 되는 공간으로 승화되기를 기대해 본다. 그러므로 식공간 연출가는 좀더 차별화된 식공간을 위해 공간에 대한 이해와 더불어 각 구성요소를 기능적 · 심미적으로 연출함으로써 이들의 욕구를 충족시킬 수 있어야 한다.

(1) 식공간의 구성요소

우리가 식사를 하는 공간은 야외를 제외하고는 건축 내부공간을 이루는 바닥, 벽, 천장으로 둘러싸여 있는 3차원적 공간으로 이루어져 있다. 식공간을 형성하는 구성요소들간의 조화로움은 곧 식공간으로서의 기능적 · 심미적 역할의 최적 요소이다.

● 바닥

진입공간을 통해 내부 중 가장 먼저 접촉하는 부분이 실내의 바닥 부분이다. 실내의 바닥은 편리하고 안정감 있게 설계되어 생활가구와 주거공간에서의 생체리듬을 원활하게 복돋우는 것이 이상적이다. 음식을 다루는 공간이므로 청소가 용이하고 소음을 최소화하며 천연소재의 마감재를 사용하는 것이 좋다.

● 벽

사람과 가구의 배경적 효과가 돋보이도록 배려되어야 하기 때문에 적절한 마감재와 색채를 선택해야 한다. 특히 식재료의 색채를 고려하여 계획하도록 한다. 밝은 색벽은 실내에 생기를 부여하고 확장 효과를 주며 실내 조명의 효과를 높이는 배경이 되므로 식사하는 사람들의 시선을 고려하여 벽의 이미지를 선택하도록 한다.

● 천장

천장은 다양한 형태 응용과 패턴 처리가 가능하기 때문에 공간의 활성화를 꾀할 수 있다. 천장은 벽과 동일한 색 또는 더 밝은 색을 사용하면 안정되어 보인다.

(2) 식공간의 장식요소

● 실내장식 섬유

실내장식 재료는 신체와 직접 접촉되기 때문에 자연소재가 좋다. 일반적으로 사용되는 섬유류는 실내 각 부분에 따라 바닥용인 카펫, 러그, 깔개 등은 내구적이며 실용적인 것이 좋고, 천장용 및 벽에 사용되는 섬유는 심미적 역할로써 미적 요소를 충족시키는 것을 선택하도록 한다.

● 실내 소품

식공간에서는 음식의 모조품, 꽃, 과일, 인형, 촛대 등 다양한 소품을 이용할 수 있다. 이러한 소품류는 공간에 있어 통일된 분위기에 포인트를 강조하고 예술적 세련미를 주어 개성을 표현하는 역할을 하며 미적 충족을 더해 준다. 이는 실내공간의 의도, 주제, 색채 등을 고려하여 선정하고, 음식을 먹는 공간이므로 혐오감이나 불쾌한 이미지를 주는 것은 피해야 한다.

● 실내 식물

식물이 지닌 자연의 숨결과 색, 빛은 식공간에 생기와 활력을 불어 넣어 주며 극적인 공간을 완성시키는 중요한 역할을 한다. 즉 실내공간에 자연을 도입함으로써 인공환경을 이룬다. 그러므로 경직되기 쉬운 분위기를 순화시키는 데 효과적이다. 또한 심리적으로 안정감을 주는 역할이 되기도 한다.

● 실내 미술

미적 가치를 지닌 물품으로 실내공간에서 시각적 효과를 상승시키는 요소이다. 회화, 벽화, 조각품 등의 오브제(Objet)를 설치함으로써 공간과 장소의 목적 및 성격의 조화를 이룰 수 있기 때문에 식공간의 유쾌한 이미지와 미각적 지각을 배가시키는 효과를 가져온다.

● 조명

실내공간에서 주어진 시간 동안은 인공조명에 대한 의존도가 높다. 따라서 조명은 그 기능적 · 심리적 측면과 함께 실내장식으로써 고유의 분위기를 형성하는 데에 큰 역할을 한다. 식공간의 조명은 음식을 맛있게 보이게끔 하고 식욕을 돋우는 오렌지 옐로 빛의 백열등이 잘 어울리며, 특별한 분위기를 위해 양초를 사용하기도 한다.

2. 테이블 세팅의 기본요소

(1) 린넨

린넨(Linen)은 영어에서 원래 마(麻)를 가리키지만 테이블 세팅에서는 테이블보, 러너, 매트, 냅킨, 그릇 받침 등 식사에 필요한 천 종류를 모두 일컫는다. 린넨은 그 날 상차림의 규모와 식탁에 오르는 음식, 그리고 이 상차림이 누구를 위한 것인지 등을 고려해 이에 어울리는 물건을 선택하는 것이 좋다.

장식적인 역할만 하는 센터피스(center piece)와는 달리, 린넨은 장식효과와 함께 기능적인 면이 고려되어야 한다.

꽃병이나 소스병 등의 센터피스가 테이블의 분위기를 형성하는 기능을 담당하여 수효가 정해져 있지 않은 것에 반하여 린넨은 사용 중인 것을 비롯하여 사용 후 비치상태의 린넨을 모두 포함하여 배수 이상을 언제나 비치해 두어야 한다.

고대의 고사프로 알려진 다용도의 언더 클로스(under cloth)는 한 면은 거칠고 다른 한 면은 부드러운 소재로 만든 것으로 소파에서 기댄 자세로 식사하는 로마인들이 냅킨 수건 또는 시트로 사용하였다. 식탁은 원래 두 개의 가대에 놓이는 판이었고 덮개는 보드 클로스로 16세기의 귀족들이 딱딱한 식탁을 사용하기 시작하면서 그 덮개를 식탁보로 불렀다.

최초의 냅킨은 스파르타인의 '아포마그달리'라고 불렸던 밀가루 덩어리였다. 이 반죽은을 작은 조각으로 잘라 식탁에서 말아 사용했고 이후 손을 닦기 위해서 조각난 빵을 사용하는 방법으로 이어졌다. 최근에는 음식이나 차 등을 마실 때 사용되는 냅킨은 레이스 문양의 화려한 천들보다는 면직물 소재나 혹은 종이류 등이 주로 사용된다.

● 테이블 클로스

테이블 클로스는 청결의 이미지를 나타낼 수 있도록 테이블 세팅의 기본이 되는 컬러를 사용한다. 그러나 테이블 자체가 훌륭하다면 격식을 갖춰야 하는 상차림이라 하더라도 테이블 클로스(table cloth)를 깔지 않고 매트만 사용해도 된다.

가정에서 쓰는 테이블 클로스의 사이즈는 크기에 상관없이 테이블에서 아래로 길게 사방 25~30cm 길이로 늘어뜨릴 수 있으면 된다. 기본 컬러는 흰색으로 준비하면 어느 테이블과도 무난하게 어울릴 수 있다.

테이블 매트

테이블 매트(table mat)는 식탁 위의 개인적인 공간을 표현하는 것으로 테이블 클로스와 함께 사용하거나 러너와 함께 사용한다. 매트는 가로 45cm · 세로 30cm가 일반적인 사이즈이지만 테이블의 사이즈와 용도에 따라 바꿔 가며 사용해도 무방하다. 서양식 테이블 세팅에서는 주요리를 담는 개인용 큰 접시인 디너 플레이트(dinner plate)가 따로 있어 개인 매트를 사용하지 않는 경우가 많다. 매트는 원래 아침이나 점심 및 캐주얼한 디너에 쓰는 것으로 정찬에는 잘 사용하지 않는다. 하지만 한식 상차림의 경우는 매트 위에 밥과 국, 밑반찬을 각각 담아 놓으면 1인상처럼 깔끔한 느낌을 줄 수 있다.

테이블 러너

테이블 러너(table runner)는 테이블 클로스와 함께 사용하거나 단독으로 사용해 테이블 위에 공동의 공간(public space)을 나타낸다. 테이블 위에서 공동의 공간이라는 것은 센터피스 등의 장식을 놓거나 함께 먹을 수 있는 요리를 놓는 공간을 뜻한다. 대개 폭이 30cm 정도로 길이는 테이블 사이즈에서 양 옆으로 적당한 길이로 늘어뜨릴 수 있으면 된다. 러너의 컬러는 테이블 클로스와 같이 계절에 따라 적당한 컬러를 선택한다.

냅킨

냅킨(napkin)은 무릎 위에 펼쳐 놓아 음식물이 떨어질 때 옷이 더럽혀지지 않도록 하거나 입 주위를 닦을 때 사용한다. 하지만 테이블 세팅에서의 냅킨은 테이블 클로스와 같은 색깔이거나 다른 색깔을 사용함으로써 개성 있는 상차림을 도와주는 보조 역할의 의미도 있다. 냅킨 접는 법도 중요하지만 냅킨 링 등을 이용하면 한결 멋있게 연출할 수 있다. 냅킨은 피부에 닿는 경우가 많기 때문에 천연 소재를 주로 사용한다.

냅킨은 기능적인 역할과 장식적인 역할을 함께 하기 때문에 냅킨 접는 방법도 매우 다양하다. 또한 그릇과 매트에 어울리는 색으로 테이블 위에 악센트를 주는 역할을 한다. 그러나 형태가 복잡할수록 손이 많이 간 비위생적인 냅킨이라는 느낌을 줄 수 있기 때문에 격식을 갖춘 장소에서는 될 수 있는 한 간단한 방법으로 접는 것이 좋다.

● 도일리

자기나 칠기 사이 또는 겹쳐진 접시와 접시 사이의 마찰이나 부딪치는 소리를 방지한다. 도일리(doily)는 보통 레이스나 자수로 되어 있으며 19세기에 부와 세련됨의 과시를 보여주기 위해 종이를 사용하면서부터 다양하게 활용되고 있다.

(2) 글라스 웨어

식사와 함께 마시는 음료 및 주류를 담는 잔을 총칭하여 글라스 웨어(glass ware)라고 한다. 대부분의 글라스 웨어는 재질이 투명한 유리로 만들어져 있다.

입이 직접 닿아 거기에 담긴 액체의 향과 맛을 느끼는 글라스는 입에 닿는 감촉을 고려하여 음료에 맞는 모양을 선택한다. 또한, 음료 본연의 색과 향, 맛을 쉽게 잃을 수 있으므로 음료를 잘 즐길 수 있는 데에 초점을 맞추어 선택하는 것이 좋다.

서양에서는 음식과 함께 와인을 즐기므로 식사 전 테이블에 메뉴와 어울리는 글라스 웨어들이 세팅된다. 한식 같은 경우, 다과상이나 주안상에 놓는 게 일반적이다. 현대에 들어서 퓨전화된 경우, 자기로 된 와인잔이 함께 놓이는 경우도 많다. 글라스 웨어는 잔의 모양이나 담는 내용물에 따라 다양한 이름들로 불린다.

● 종류

① 고블릿(goblet) : 물을 주로 담으며 맥주나 비알코올성 음료를 담는다.

② 와인 글라스(wine glass): 레드 와인 글라스(red wine glass)는 적포도주, 화이트 와인 글라스(white wine glass)는 백포도주, 샴페인 글라스(champagne glass : flute)는 샴페인, 칵테일 글라스(cocktail glass)는 칵테일, 브랜디 글라스(brandy glass)는 브랜디, 셰리 와인 글라스(sherry wine glass)에는 셰리 와인을 담는다.

③ 필스너(pilsner) : 맥주를 주로 담는다.

④ 저그(jug) : 500mL 이상의 맥주를 담는다.

⑤ 텀블러 글라스(tumbler glass) : 과일주스나 롱드링크를 담는다.

⑥ 올드 패션드 글라스(old fashioned glass) : 칵테일과 위스키를 담는다.

⑦ 숏 글라스(shot glass) : 가장 작은 크기이며 위스키를 스트레이트로 마실 때 사용한다.

⑧ 디캔터 글라스(decanter glass) : 뚜껑이 있는 식탁용 유리병으로 고급 적포도주의 침전물을 제거하고 맑은 적포도주를 따라내어 서빙하기 위해 사용한다.

● 손질 및 보관

① 글라스 웨어는 손질이 매우 중요하다.

② 세팅할 때나 치울 때 깨지기 쉬우므로 마지막에 취급하도록 한다.

③ 중성세제를 푼 미지근한 물에 글라스 전용 스펀지나 브러시로 닦고, 미지근한 물로 헹구고 물기를 제거한다.

④ 세척 후에는 천을 깔아놓은 쟁반에 올려놓고, 어느 정도 물기가 빠지면 마른 행주로 닦는다.

⑤ 보풀이 일어나지 않는 얇은 마 소재의 행주를 사용하면 윤기를 내기 쉽다.

(3) 식기류

식기란 음식을 담기 위한 그릇을 말하는데, 인간이 생계를 유지하기 위한 방법으로 음식물을 채취 · 수렵하여 저장하기 위한 용도로 사용하기 시작하면서부터 발달되어 왔다. 크기, 형태에 따라 용도를 다양하게 분류할 수 있으며, 예술적 감각에 따라 다양한 디자인의 식기가 있다.

어떤 종류의 식기를 사용하느냐에 따라 식탁 분위기도 달라지고, 식기의 경우에는 다른 품목과 달리 그 안에 담는 요리와 가장 밀접한 관계를 갖고 있으므로 메뉴의 특성에 맞게 식기를 선택하는 것이 중요하다.

● 질그릇류

비교적 낮은 온도에서 구워지는 질그릇(earthenware)은 두껍고 기공이 있으며 잘 깨지고 불투명하며 광택이 없다. 대부분 붉거나 갈색이고 유약을 칠하지 않으면 습기가 공기를 통과시킨다. 된장찌개나 양식의 캐서롤(casserole) 같은 음식의 뚝배기가 질그릇에 속한다.

● 사기류

회색이나 밝은 갈색의 고운 점토를 중간 온도에서 구워낸 사기류(stoneware)는 비교적 방수성이 있으며 견고하다. 유약을 칠한 제품은 질그릇보다 질이 훨씬 좋다. 투박한 느낌의 사기류 식기는 가격이 저렴하고 무난하면서 관리가 용이하며 특히 어린이들이 있는 가정에서 사용하기에 적합하다.

얇고 희며 반투명으로 광택이 나는 차이나(china)류는 고온에서 구워지는데, 고급 차이나(fine china)는 질 좋은 점토로 더욱 높은 온도에서 구워내어 품질이 더 좋다. 영국식 차이나인 본차이나(bone china)는 실제로 동물의 뼈가 일정비율로 함유된 양질의 제품이다.

● 자기류

자기류(porcelaim)는 양질의 값비싼 제품으로 아주 높은 온도에서 구워지고 매우 얇게 유리화되어 밝은 빛에 비추어 보면 약간 투명하게 느껴지기도 한다. 두께가 얇은 데 비해 파손에 대한 저항력은 강하다.

(4) 커트러리

음식을 입에 옮기기 위해 사용되는 포크, 나이프, 스푼 등의 도구를 총칭해서 커트러리(cutlery)라고 말한다.

기원전 2000년 무렵, 스푼은 조개 껍질의 원형에서 시작되었다. 불을 사용하면서 뜨거운 음식을 젓기 위해 나무를 손잡이 달린 형태로 만들어 조리도구로 이용한 것이 스푼(spoon)의 기원이라고 볼 수 있다.

나이프는 선사시대 때, 모서리가 뾰족한 부싯돌과 날카로운 꼬챙이와 같은 도구들에서 발전되어 왔으며 '한꺼번에 누르다', 혹은 '자르다'의 중세 영어에서 비롯되었고, 날 끝이 뾰족한 나이프는 자르는 역할과 함께 음식을 찍어 먹는 기능을 하며, 날이 평평한 것은 음식물을 얹어서 입으로 옮기는 역할도 한다. 사용하는 목적에 따라 조리용과 식탁용이 있다.

포크는 로마시대 때 끓는 가마에서 고기를 꺼낼 때 손의 보호를 위해 조리도구로 사용되었는데, 두 갈래의 갈고리와 같은 농기구가 그 원조이다. 17세기부터 식탁용 포크는 짧고 가늘어졌으며 부드러운 음식을 뜰 때 실용적이 되도록 여러 갈래로 만들기 시작하였다.

이처럼 커트러리는 각 시대 양식의 패턴에 따라 다양하게 변화되었다. 요즘은 소재와 디자인이 다양하여 테이블의 이미지에 맞는 스타일로 연출할 수 있다.

(5) 센터피스

유럽에서 왕이나 귀족들이 커다란 테이블에서 식사를 할 때 테이블 가운데 유리 장식이나 꽃을 놓았던 것에서 유래된 센터피스(center piece)는 식사와는 큰 관계가 없지만 테이블 세팅에서 매우 중요한 장식적 요소이다.

센터피스를 활용하여 세팅을 할 때에는 꽃이나 과일, 과자, 양초 등을 식탁의 분위기에 맞게 장식하도록 한다. 특히 꽃은 계절감을 줄 수 있고 생동감을 주며 테이블의 의미와 성격을 쉽게 전달하는 요소로 가장 널리 사용되는 소재이기도 하다.

꽃으로 장식할 경우에 식욕을 해칠 우려가 있는 강한 향기의 꽃이나 꽃가루가 날리는 꽃은 피하여 사용한다. 또한 마주 앉은 사람과 시선을 교환할 수 있도록 높이의 배려에도 유의하여 연출하도록 한다.

종류

① 네프 (nef)

14세기경에 궁에서 처음 등장하였으며, 선박 모양의 용기로 당시에는 소금을 넣는 통으로 사용하였다. 17세기 이후 네프는 '권력의 자리'를 상징하는 의미로 발전하였다.

② 네임 카드 또는 네임 카드 스탠드 (name card or name card stand)

손님의 성함을 적어 손님이 앉아야 될 자리를 정해 둘 때에 사용한다.

③ 냅킨 링 또는 냅킨 홀더 (napkin ring or napkin holder)

가족들의 식사에서 냅킨은 자신의 머리 글자를 표시한 냅킨 링에 넣어 사용되었으며, 주로 은으로 만들어지는데 격식 있는 식사에서는 일반적으로 사용하지 않는다.

④ 솔트 셀라 (salt cellar)

스푼이 들어 있을 때에는 소금 스푼으로 음식에 뿌리고, 들어 있지 않을 때에는 손가락으로 집어서 음식에 뿌린다.

⑤ 솔트 셰이커 (salt shaker)

원래 솔트 셀라 안에서 소금이 눅눅해지는 것을 막기 위해 만들어졌고 약식에서만 사용한다. 페퍼 셰이커보다 오른손과 더 가까운 위치에 놓는다.

⑥ 레스트 (rast)

테이블 위에 커트러리를 세팅할 때에 사용하는 도구로 격식 있는 식사에서는 주로 사용하지 않는다.

⑦ 캔들과 캔들 스탠드(candle and candle stand)

캔들링을 한다는 것은 식사를 곧 시작한다는 의미이며 초를 약 2시간 이상 사용할 수 있는 것으로 선택한다.

⑧ 클로스 웨이트(cloth weight)

테이블 클로스의 사방에 무게 있는 장식품을 사용하여 테이블 클로스의 움직임을 방지하는 역할을 한다.

(6) 소품류

이야깃거리(talking goods)라고 하여 식사와는 무관한 아이템이지만, 식사의 의미를 나타낼 수 있고 식사 중의 대화를 유도하기도 하는 소품 등을 말한다.

식사를 방해하지 않는 범위에서 청결하고 세련된 소품과 장식으로 테이블 데커레이션 주도자의 개성을 표현하는 데 효과적이다.

테이블 세팅에서 은은한 빛으로 식사 분위기를 만드는 초(candle)는 테이블 클로스나 식기에 맞추어 다양한 색깔의 초와 촛대로 재미있게 연출할 수 있다.

● 테이블 세팅 시 고려해야 할 사항

① **시간** : 아침, 점심, 저녁에 시대와 계절이 포함된다.
② **장소** : 실내, 실외, 레스토랑, 기타 지역은 물론이고 국가의 특성과 문화가 포함된다.
③ **목적** : 무엇을 위한 식사인지, 차림 목적이 분명해야 한다(스택, 디너).
④ **메뉴** : 위의 요소와 기호를 고려, 메뉴를 결정한다.
⑤ **장식** : 위의 요소를 고려한 장식이 이루어진다.

테이블 세팅의 순서

① 린넨류의 세팅(냅킨을 제외)

테이블 클로스 밑에 언더 클로스를 까는 것이 원칙이지만 요즘은 주로 생략하는 편이다. 또 식탁의 질감을 살리기 위해 테이블 클로스를 생략하고 러너나 자리 매트로 대신하기도 한다.

② 자리접시

자리접시(place plate)는 커피가 나오기 전까지 테이블에 계속 있는 것이다.

③ 커트러리

메뉴에 따라 먼저 써야 할 커트러리를 가장 바깥에서부터 세팅하는데 치즈 및 디저트 포크와 나이프를 접시 위쪽에 세팅하는 것은 영국식이다. 프랑스식은 치즈 및 디저트를 미리 세팅하지 않는다. 이처럼 나라별로 커트러리를 세팅하는 방법이 다르다.

요즘은 심플하고 간소화된 형태를 선호하는 편이다.

④ 냅킨

냅킨을 놓는 위치는 자리접시 위나 식탁 왼쪽으로 하는 것이 가장 일반적인 세팅이지만 요즘은 테이블에서의 조화와 균형을 생각해서 냅킨의 위치를 잡는다. 일반적으로 그 소재는 테이블 클로스와 같은 것으로 하지만 지금은 색, 무늬, 소재가 다양하게 사용되고 천으로 된 냅킨을 불편해하는 사람들이 많아져서 종이 냅킨을 함께 세팅하거나 종이 냅킨만을 세팅하기도 한다.

예전에는 화려하게 접은 냅킨을 선호하였으나 최근에는 간단히 접거나 둥글게 말아서 세팅하는 경향을 보인다. 이는 많이 접을수록 사람의 손이 많이 거치게 되어 비위생적이라 생각하기 때문이다.

냅킨 링은 원칙적으로는 포멀한 자리에는 사용하지 않지만 냅킨 링을 사용하면 좀 더 멋스럽게 세팅해 볼 수 있다.

⑤ 센터피스 세팅의 변화

센터피스는 테이블 세팅의 콘셉트나 컬러에 맞춰 놓는데 꽃에만 국한되어 있던 과거에 비해 최근에는 여러 가지 소품과 돌, 심지어는 모래나 자갈을 센터피스로 사용하기도 한다. 하지만 높이가 너무 높아서 마주 앉은 사람의 얼굴을 가리거나 식사에 방해가 되어서는 안 된다.

⑥ 글라스류

정찬식 세팅은 글라스를 3개 이상 놓아야 하지만 점심시간에는 물만 마시는 사람이 늘어서 하나씩 세팅하기도 한다.

오른쪽 조금 위에 물, 레드 와인, 화이트 와인 순으로 하고 에피타이저나 디제스티프(digestif)용 글라스는 세팅하지 않는다.

⑦ 메뉴나 네임카드

그날의 메뉴나 초대된 손님들의 지정석 등을 개성 있는 소품으로 연출한다. 이미 만들어진 기성품으로 연출하는 경우가 대부분이다. 네임카드의 경우에는 간단하면서도 아이디어가 돋보이는 아이템으로 제작하면 좀더 차별화된 테이블을 연출할 수 있다.

3. 테이블 연출 테크닉

(1) 테이블 연출의 디자인 원리

테이블 세팅을 할 때 먼저 고려해야 할 디자인 원리는 크게 균형, 리듬, 강조, 조화이다. 이 네 가지 요소를 고려하여 세팅을 한다면 실패할 확률이 줄어든다.

① 대칭균형을 많이 사용한다.

균형에는 대칭적 균형, 비대칭적 균형, 방사형 균형이 있다. 일반적으로 세팅에는 대칭적 균형을 많이 사용한다. 즉 식탁 위에 식기류를 규칙적으로 배치하고 센터피스에 시선을 집중시킨다. 비대칭적 균형은 시각적 무게는 같게 하면서 형태나 구성을 다르게 하는 것이다.

이것은 자연스런 느낌을 주므로 동적이고 개성있는 분위기를 연출할 수 있게 한다. 방사형 균형이란 중심이 되는 것의 주제가 원을 이루면서 균형을 이루는 것으로 둥근 식탁이나 타원형 식탁에서 볼 수 있다.

② 색깔, 질감 대비로 리듬감을 살린다.

리듬감은 반복, 점진, 교체, 대조나 대비 등을 통해 단일성과 다양성으로 나타난다. 색이나 질감의 반복으로 리듬감을 줄 수도 있으며 대조나 대비로 갑작스런 변화를 주어 자극적이고 동적인 효과를 낼 수도 있다.

③ 악센트 소품의 활용

악센트는 말 그대로 어떤 하나에 강조를 주는 것이다. 화려한 꽃으로 장식된 센터피스나 촛대로 강조를 할 수 있다. 강조가 없으면 단조롭고 밋밋한 세팅이 되어 버리기 쉽다.

④ 통일감과 조화의 부여

형태나 질감, 색, 재료 등이 서로 다르면서도 이 중 한 가지의 통일성을 주어 전체적으로 무리없이 조화를 이루는 것이 중요하다. 세팅에서 색은 전체 분위기를 좌우하는 핵심요소이므로, 색을 통해 즐겁고 활기차게 또는 차분하고 편안하게 다양한 느낌을 연출해 낼 수 있다.

색상은 크게 12색으로 구분한다. 빨강, 파랑, 노랑을 삼원색으로 하여 3분법으로 나누어지는데 색상을 나란히 놓으면 조화를 이루거나 대조를 이룬다.

⑤ 모임의 성격, 음식, 식기류나 가구별 색상

상차림에서 색이 차지하는 역할은 매우 크다. 색 계획을 세우기 전에 몇 가지 요인을 고려해야 한다.

첫째, 초대되는 사람들과 음식의 종류이다. 어떤 테마로 모이는가에 따라 음식종류가 결정되며 이때의 분위기 연출에 색이 한 몫을 하게 된다.

둘째, 현재 갖고 있는 식탁과 의자, 그릇, 잔 등의 가구와 식탁장식품으로 이들에 맞춰 센터피스의 색 계획을 해야 한다.

셋째, 건축적인 요소로서 식당이나 식사공간의 크기 또는 모양 등에 따라서도 색 계획이 달라진다.

(2) 테이블 연출

전통적인 디너 테이블 세팅의 경우는 테이블 클로스, 냅킨, 양초를 같은 톤으로 통일한다. 가장 격식을 차리는 포멀 파티의 경우에는 흰색이나 튀지 않는 색을 사용한다. 테이블 클로스의 길이는 테이블에서 약 50cm 정도 늘어뜨리는 것이 가장 전통적인 방법이며, 한쪽으로 쏠리거나 미끄러지는 것을 막기 위해 밑에 펠트로 된 언더 클로스를 깔아 주어야 한다.

언더 클로스는 테이블보다 약간 큰 정도의 사이즈가 적당하다. 언더 클로스는 식탁에서 식기가 테이블에 부딪히는 소리가 나지 않게 하고 테이블 전면에 부피감을 주어 부드러운 느낌을 나타내게 한다. 테이블 클로스 위에 접시와 커트러리, 글라스를 놓는 방법이 중요한데 우선 식사하기 편하고 보기 좋은 형태로 하면 된다.

테이블 코디는 주위의 배경, 즉 인테리어와도 잘 어울리는 세팅이 중요하다. 그리고 풀세트의 디너세트가 없어도 음식에 따라 그릇의 분위기를 바꾸면서 코스별로 다른 그릇을 사용하면 색다른 개성이 연출될 수 있다.

예를 들어 여름에는 도자기 접시만 사용하는 것이 아니라 유리그릇도 함께 섞어서 사용한다든지, 색상이 매치되는 그릇들을 섞는다든지, 아니면 단색 그릇과 패턴이 있는 그릇을 코스별로 섞어 사용하면 더욱 재미있다.

또한, 세팅할 때는 유행에 조금 민감해질 필요가 있다. 예를 들자면 글라스류는 커트가 있는 크리스탈이 포멀한 것이지만 요즘은 커트가 많은 글라스보다는 커트가 많지 않은 글라스가 유행이다. 그리고 서양식 세팅에는 투박한 도자기 그릇이나 분청 및 유리 등을 함께 섞어 세팅하는 것도 좋은 아이템일 수 있다. 센스를 조금만 발휘한다면 앞에 설명한 세팅 방식에 따라 여러 가지 그릇들과 재료를 섞어 가며 재미있게 표현할 수 있다. 테이블 세팅은 정해진 격식 안에서 그때그때 상황의 장점을 최대한 살려서 개성을 연출하는 것이다.

원래 디너(Dinner)란 아침, 점심, 저녁을 막론하고 정식의 코스가 나오는 식사를 일컫는 말이었지만 지금은 저녁식사만을 의미하는 말로 사용된다. 테이블 세팅은 그날 나오는 디너의 코스에 따라 달라진다.

예전에는 11코스까지도 있었으나 지금은 오드블⇒생선⇒셔벗⇒고기⇒디저트⇒치즈까지 6코스 정도를 포멀한 것으로 인정한다.

흔히 TV 뉴스 등을 통해 볼 수 있는 만찬의 경우가 여기에 해당된다고 할 수 있다. 격식을 갖춘 정식 스타일은 한 테이블에서 식사를 마치지 않고 처음부터 마지막까지 식사를 하는 동안 테이블 장소를 두세 번 바꾸어 꾸미게 된다.

'오드블'이란 말은 '작품 외' '메인 외'라는 뜻의 에피타이저로, 대체로 샴페인과 함께 먹을 수 있는 전채요리를 말한다. 그리고 디저트 또는 치즈의 모든 코스가 끝나고 나면 차를 식당의 식탁이 아닌 거실 등으로 자리를 옮긴 후에 다른 분위기에서 마시는 것이 정식 스타일이다.

테이블에서 한 사람의 세팅 범위는 폭이 40~45cm이고 깊이는 30~35cm가 된다. 이 간격은 팔이 활동하는 데 불편하지 않을 정도의 범위를 말하는 것이다. 식기는 금테 둘린 고급 차이나를 한 벌로 통일해서 사용하는 것을 원칙으로 한다. 세팅할 때에 앉은 사람의 가장 중심에 놓이는 접시를 위치접시라고 하여 Service Plate라든가 Show Plate(약 30cm 정도)라고 말한다.

위치접시는 가장 먼저 보게 되는 접시로 눈을 즐겁게 해주는 역할을 하면서 장소를 정해 주는 역할을 하게 된다. 그러므로 그 집의 가장 고급스런 특징이나 심벌이 될 만한 접시를 사용하게 된다.

실제로 유럽의 귀족 집이나 성에 가면 벽에 장식되어 있는 접시가 있는데 그 집안의 문장이 새겨져 있거나 아름다운 무늬가 그려진 귀중품들이다.

특별한 가문에 따라서는 디너세트 전체를 문장이 새겨져 있는 것으로 특별 주문해 사용하기도 할 만큼 사용하는 식기에 큰 의미를 부여한다.

위치접시는 식사가 시작되면 금방 치우기도 하며 그 위에 다른 접시를 올려 놓는 식으로 사용하기도 한다. 그 다음으로 신경쓰는 것이 커트러리인데, 은제품을 사용하는 것이 품위 있으며 위치접시를 중심으로 왼쪽에는 포크, 오른쪽에는 나이프와 스푼을 놓고 음식의 코스에 따라 바깥쪽부터 쓸 수 있도록 한다.

이때 나이프의 날은 접시 쪽을 향하게 놓는다. 글라스는 커트가 들어간 크리스탈 사용을 최고로 여기며 목이 긴 와인 글라스 종류가 우아한 분위기를 연출하므로 크기별로 필요하다. 접시 위쪽의 오른쪽에 식전 건배주로 쓰이는 샴페인 잔(champaign float)을 놓는다.

가장 작은 화이트 와인 잔, 중간 크기의 레드 와인 잔, 그리고 가장 큰 고블릿(Goblet)이라 하는 물 잔을 순서대로 놓는다. 냅킨은 50~60cm가 클래식한 스타일의 원칙이다. 그러나 가정에서 사용하기가 좀 크다면 40~45cm라도 편리하게 사용한다. 냅킨은 가장 포멀한 경우에 8등분 접기로 접시 위에 놓거나 접시의 왼쪽에 놓는다. 전체 세팅에서는 옆 사람과의 간격을 20~30cm 정도로 유지하는데 이는 과거 폭 넓은 드레스 자락을 밟지 않게 하기 위한 배려에서 시작되었다.

요즘은 10~15cm 정도의 간격을 두면 충분하다. 세팅의 마무리는 센터피스를 어떻게 선택하느냐에 달려 있다. 그날 사용하는 그릇이나 음식의 종류에 따라 크기나 높이를 적당하게 조정하는 것이 중요하다. 꽃을 놓게 될 경우에는 꽃의 향이 너무 진하지 않게 하고 계절에 맞는 꽃을 선택하는 것이 중요하다.

저녁에 촛대에 초를 꽂아서 분위기를 연출하면 그 자리에 앉은 사람들을 멋지게 보이게 하고 음식도 빛을 받아 더 먹음직스러워 보이는 효과를 낼 수 있다. 참고로 촛불의 높이는 사람의 눈높이를 피해 아주 낮거나 좁게 해야 한다. 양초는 1/4까지 사용하면 새것으로 바꾸어 주는 것이 좋다.

4. 나라별 테이블 세팅

(1) 한국

● 식문화

한식 상차림은 크게 일상생활에서 차려지는 상차림과 통과의례와 특별한 행사 때에 차려지는 의례식 상차림으로 나누어 볼 수 있다. 상차림의 형식은 목적에 따라 반상, 면상, 주안상, 교차상, 돌상, 큰상, 제상 등의 형식이 있다.

반상은 밥을 주식으로 하고 준비한 찬을 올려놓는 형식의 상이다. 반찬의 가짓수를 첩수라 하여 밥, 국, 김치, 조치, 종지(간장, 고추장, 초고추장)를 제외한 수에 따라 3첩 반상, 5첩 반상, 7첩 반상, 9첩 반상, 12첩 반상으로 나뉜다.

주안상은 주류를 대접하기 위한 상이고 교자상은 명절이나 잔치, 축하연이나 회식 또는 모임 등에 쓰이는 상차림이다.

● 음식의 종류

① 밥

밥은 우리 음식의 대표적인 주식으로 멥쌀로 지은 흰밥을 주로 먹는다. 그 외 찹쌀, 보리, 조, 수수, 콩, 팥, 녹두, 밤 등을 섞어 잡곡밥을 만들기도 한다. 또 밥 위에 여러 가지 야채나 육류를 얹어 만든 비빔밥도 있고 각종 채소류나 버섯 및 해산물 등을 섞어 지은 밥도 있다. 흰밥의 경우에는 보통 1.2배(최적비)의 물로 밥을 짓는다. 밥이 되면 중량이 2.2~2.4배 정도 증가한다. 밥물의 비율은 쌀의 상태나 솥의 종류에 따라 약간씩 참고하여 조절한다. 밥을 제대로 짓는 것은 모든 음식의 기본이 된다.

② 면과 만두

우리나라는 밀의 생산이 적기 때문에 밀가루 음식을 많이 사용하지 않았지만 길게 뽑은 국수 요리는 길게 기린다는 뜻에서 생일, 결혼, 환갑잔치 등에 특별상으로 차려졌다. 국수의 종류는 메밀국수, 녹말국수, 밀국수 등이 있다.

만두는 계절에 따라 겨울에는 생치만두와 김치만두, 봄에는 준치만두, 여름에는 편수나 규아상 등을 먹는다. 또 정초에는 흰떡국, 조랭이떡국, 생떡국 등도 만들어 먹었다.

③ 국

국은 밥과 함께 내는 국물 요리로써 여러 가지 수조육류, 어패류, 채소류 등으로 끓인 음식이다. 국의 종류를 크게 구분하면 맑은 장국, 토장국, 곰국, 냉국 등으로 나눌 수 있다. 국은 밥상을 차릴 때 기본적이며 필수 음식이다.

④ 찌개(조치)

국보다 국물을 적게 하여 끓인 국물 요리로써 간을 한 식품에 따라 고추장찌개, 된장찌개, 새우젓찌개 등이 있다. 또 재료에 따라 생선찌개나 두부찌개 등으로 나누어지며 찌개는 밥상차림의 필수 음식이다. 종류에 따라 술안주 요리로도 이용된다.

⑤ 떡

한국의 전통 곡물 요리의 하나이다. 종류를 크게 나누면 시루에 찌는 떡, 찐 다음에 안반이나 절구에 치는 떡, 가루를 반죽하여 모양을 만들어 번철에 지진 떡 등이 있다. 이는 곡물, 고물의 종류나 재료, 기본 조리법 또는 지역적인 특성 등으로 다양하게 발달되어 있다.

⑥ 한과

한과는 한국의 전통 과정류의 총칭이며 한과류는 재료나 만드는 법에서 유과, 유밀과, 강정, 다식, 전과, 엿강정 등으로 크게 구분된다.

⑦ 음청류

술 외에 기호성 음료의 총칭으로 한국의 음청류는 재료나 만드는 법에 따라 차, 탕장, 화채, 식혜, 수정과 등으로 크게 구분된다.

⑧ 술류

과일과 곡물 익힌 것 등을 발효시켜 알코올 성분이 있게 만든 음료의 총칭이다. 우리나라의 전통 술은 곡주가 기본이다.

상차림의 방법

① 식탁의 차림은 먹는 사람에게 편리하게 차린다.

② 기본 음식인 밥은 양성이기 때문에 먹는 사람의 왼쪽에, 국은 음성이기 때문에 오른쪽에 놓는다. 숟가락은 국그릇의 오른쪽에 놓으며, 숟가락이 앞으로 가게 놓고 그 뒤에 젓가락을 놓는다.

③ 간장, 고추장 등 기본 조미료는 상의 중앙이나 먹는 사람에게 가깝게 놓는다. 여러 사람이 함께 먹을 때는 따로 놓을 수도 있다.

④ 수육과 젓, 어회와 겨자 또는 초고추장과 같이 특정 음식과 관계되는 조미 식품은 주된 식품과 가깝게 놓는다.

⑤ 국물이 있는 음식은 먹는 이에게 가깝게 놓고 국물이 없는 음식은 멀리 놓는다.

⑥ 부피가 얇고 작은 것은 가깝게 놓고 부피가 크고 많은 것은 멀리 놓는다.

⑦ 식어도 관계없는 음식을 먼저 차리고, 뜨겁게 먹는 음식은 먹기 직전에 상에 올린다.

(2) 중국

● 식문화

중국의 음식문화는 다채로운 형태와 독특한 역사로 인해 세계 3대 요리라 불린다. 곰, 자라, 고양이, 들쥐 등 살아있는 동물은 무엇이든 요리의 대상으로 삼아 불로장수의 사상과 밀접한 관계를 가지고 발전해 왔기 때문에 한의사를 중심으로 한 요리법이 발전되어 "식의동원(食醫同源; 먹는 것과 의술은 그 근원이 같다)"이라는 어의를 굳게 믿고 있다.

중국에서 요리사의 위치는, 은나라 시절에는 이윤이라는 사람이 재상이 된 선례를 가지고 있으며 사회적으로 상당히 대우를 받고 있다.

중국의 요리는 재료, 썰기, 조미료, 불의 가감, 그리고 사상으로 이어지는 것들을 이해하였을 때 특징을 알 수 있다. 재료의 선택은 엄격하며, 썰기는 정교하고 세밀하다. 그리고 맛내기에 대한 연구를 함으로써 조미료가 다양해졌다. 또한 불의 가감에 의한 색 · 양 · 미 · 향 · 기의 5박자를 고루 갖춘 요리를 만들어 낸다.

요리의 종류

① 남방 요리

복건에서 광동에 걸친 해안선에 접한 지방의 요리이다. 그 대표적인 것이 광동 요리이며 생선을 사용한 요리가 많고 기름을 많이 사용한다. 맛내기 방법은 타지방과 비교해서 손이 많이 가고 정성이 들어 있다.

② 서방 요리

사천, 운남 등 서부지방의 요리를 말한다. 궁중 요리의 영향을 많이 받아 전채는 색채가 풍부하고 섬세한 특징이 있다. 지역의 험난한 기후와 풍토 덕에 소채류를 중심으로 한 음식으로 조미료를 많이 사용하여 변화를 갖게 하는 것이 특징이다.

③ 동방 요리

양자강 지역의 강소성, 절강성 지역의 요리이다. 농산물이 풍부하고 어패류도 신선하여 새우 요리와 연회 요리가 많이 발달하였다.

④ 북방 요리

북경 요리로 불리며 궁중의 전통적인 요리가 발전하였다. 이 지역은 기후의 영향으로 돼지, 오리, 양, 소 등의 육류를 사용하여 진하고 향신료를 많이 넣은 냄비 요리가 많다.

상차림의 방법

예전에는 '팔선탁자'나 '사선탁자' 라고 하는 8인용이나 4인용의 사각형 탁자를 사용하였다. 그러나 근래에 와서는 원탁을 많이 사용하며, 식탁의 중심부분에 약간 높은 회전대를 놓아 여러 명이 음식을 돌려 가면서 먹을 수 있도록 되어 있다.

8인용 식탁이 기본으로 8명이 넘으면 두 상을 준비하는 것이 좋다. 그러므로 한 식탁은 8명 기준으로 요리가 준비되고, 이들이 나누어 먹을 수 있는 분량을 한 접시에 담아야 하기 때문에 접시의 크기가 매우 큰 특징을 가지고 있다. 요리를 먹을 때 사용하는 개인 접시는 고급의 경우는 은기를 사용하지만, 보통은 도자기 접시를 쓴다.

젓가락은 약 25cm 정도로 길이가 길며, 음식물을 집는 끝부분이 뭉툭하다. 이는 중국 음식이 기름기가 많아 집기가 어렵기 때문에 길고 두꺼운 형태로 발전한 것이다. 접시에 담긴 요리를 개인접시에 나눠 담을 때 사용하기도 한다.

젓가락 재질의 종류는 많지만, 중국 북방에서는 나무로 만든 젓가락을 많이 사용하고, 남방 사람들은 참대 젓가락을 많이 사용한다. 그리고 일부 가정과 고급 음식점에서는 상아 젓가락을 사용하기도 한다. 예전의 중국 제황들은 음식물에 독약이 묻어 있는지의 여부를 알기 위해 은젓가락을 사용하였다.

젓가락은 젓가락 받침대를 사용하는데, 특히 연회상에서는 필수품이다. 중국의 젓가락 받침대는 크고 높으며, 모양도 음식물과 관련 있는 것들이 많다. 중국 요리의 정식 테이블 세팅에는 냅킨, 메뉴, 조미료 병(간장, 라유, 식초), 조미료 접시, 찻잔, 개인 접시, 렝게, 렝게 받침, 젓가락, 젓가락 받침 등이 필요하다. 그리고 기본 반찬에 해당하는 짜차이, 파, 오이, 양파, 춘장은 상황에 따라 3가지를 준비하여 작은 그릇에 미리 담아 둔다.

(3) 일본

식문화

음식문화가 형성되기까지는 기후 · 자연조건 · 역사 등 여러 가지 요인이 있지만 그 중에서도 자연조건은 가장 영향을 많이 끼치는 요소라 할 수 있다. 일본의 음식이 육류요리보다는 회 음식 쪽으로 많이 발달했다는 것은 섬나라인 일본의 자연조건이 요리에 연관성이 있음을 보여주는 좋은 예이다. 일본은 남북한 면적의 1.7배이고 전국토의 70%가 산간지역이며 평야가 적은 나라이다.

기후는 전체적으로 온순기후를 보이나 위치에 따라 기후차가 크다. 즉, 중앙산맥을 중심으로 서쪽은 한국 동해안의 영향을 많이 받는 편이고 동쪽은 태평양식 기후를 보이며, 여름에는 고온다습하고 동북지역 이북은 겨울에 혹한이 이어진다. 이러한 기후조건은 음식에 그대로 반영되어 계절마다 독특함이 살아 있는 일본만의 요리를 만들어 내고 있다. 그 중에서도 독특함이 있다면 음식의 외형이나 그릇의 독창성을 들 수 있다.

일본은 호수가 많고 복잡한 해안선을 가진 항구가 발달해 있으며 복잡한 해저지형과 난류 및 한류가 교차하여 3,380종의 해양식물이 서식하고 있다. 특히 일본의 북방해역은 세계 3대 어장의 하나이다.

요리의 종류

① 혼젠(本膳) 요리

혼례, 정월, 탄생, 제사, 절구, 불사, 기타에 하는 의식 요리의 상차림으로 매우 복잡한 편이다. 에도시대에 내려오면서 상차림이 화려해지고 요리에 예술성을 나타나게 되었다. 정식 향연 요리는 중요한 연회나 혼례 외에는 사용하지 않는 것이 특징이다. 상은 검은색이나 삼색을 주로 사용하는데 다섯 개를 차리는 것이 정식이다. 제1상을 혼젠, 그 다음엔 니노젠, 산노젠, 요노젠, 고노젠이라 한다. 결혼식엔 3즙7채, 생일이나 졸업 및 입학시엔 1즙3채나 2즙7채를 많이 사용한다.

② 가이세키(懷石) 요리

차를 들기 전에 내는 요리를 말한다. 간단하고도 양이 적지만 만드는 법은 매우 까다롭다. 계절의 신선한 재료를 주로 사용하고, 손님이 먹는 시기에 적절하게 요리를 내놓으며 식기의 큰 진보를 가져와서 오늘날 일본 요리의 형식을 이루게 되었다.

식단구성은 1즙2채 또는 1즙3채로 이루어진다.

③ 가이세키(會席) 요리

혼젠 요리와 가이세키 요리를 절충한 상차림으로 현재는 연회음식으로 많이 사용한다. 주로 술안주용 음식을 차리고 밥은 식사 끝에 내는 경우가 많다. 이 요리는 식미본위(食美本位), 즉 보아서 아름답고 냄새가 향기로우며, 먹어서 맛있는 것을 전제로 한다. 일반적으로 피로연이나 공식 연회시에 가장 많이 쓰이고 음식점이나 호텔 등의 요리도 대부분 이 가이세키 요리이다.

④ 쇼진(精進) 요리(정진요리)

일본의 사찰 요리로서 사원을 중심으로 발달한 요리이다. 쇼진(精進)이란 말은 불교에서 불도를 닦을 때 잡념을 버리고 일심으로 정신수양을 한다는 뜻이다. 육류 · 어패류 · 달걀을 사용하지 않고 곡물 · 콩 · 야채 등의 식물성 재료와 해조류를 사용하여 요리를 한다.

상차림의 방법

일본의 주식인 쌀밥은 부드럽고 광택이 있으며 젓가락을 주로 사용하여 먹는다. 쌀은 거의 모든 식사시에 제공되며 전분 함량이 높아 조리 후 끈기가 많은 것이 특징이다. 먹는 방법은 그대로 또는 식초를 섞어서 초밥으로 먹거나 날 생선을 얹어서 먹기도 한다. 쌀 다음으로는 콩을 많이 사용하는데, 대두는 일본간장의 주원료이다.

일본에는 콩을 이용한 독특한 음식문화가 발전되어 있다.

- 식사시에 무 또는 가지 등의 침채류를 많이 사용한다.
- 어패류가 풍부하며 약 600여 종의 생선으로 사시미가 발전되었다.
- 재료의 본맛을 중요시하여 조리하므로 향신료를 진하게 쓰지 않는다.
- 식기의 내용이나 배합을 계절에 따라 조화시킴으로써 테이블의 공간적인 미를 살린다.
- 재료의 조리법이 서로 다른 것끼리 구성되어 있다.
- 녹차가 매 식사시에 제공된다.
- 쇠고기, 닭고기, 돼지고기 등 육류의 조리문화가 발전하지 못했다.
- 과일과 채소류를 많이 섭취하며, 순무나 가지 침채류가 많이 사용되는 것이 특징이다.

(4) 서양

음식의 역사

① 고대

서양 요리가 일상생활에 영향을 미치게 된 것은 기원전 5~6세기부터이다. 그 이후 고대 그리스의 전체를 통하여 발전되어 왔다. 주로 불을 이용한 삶기와 찌기 등이 행하여졌으며 육식보다는 채식을 선호하였으나 제정시대에 이르러 육식으로 기호가 바뀌었다. 가축이나 야생돼지, 기타 들짐승, 낙타 등의 야생동물들을 사용하게 되었다.

② 중세

중세에 이르러 농경의 시작과 수렵에 의해 채소와 육류 요리가 발전하게 되었으며 훈제 요리와 빵 만들기도 이루어졌다. 궁정에서는 빵 계통, 와인 계통, 조리 계통, 과일 계통의 각 분야가 있어 그 분야의 장을 두어 관리 감독하였으며 이들은 명예직으로 후작, 백작 등의 호칭이 주어졌다.

③ 르네상스

이탈리아의 영향으로 프랑스에 테이블 사용법이나 식사방법 등이 발전되었다. 포크와 파이안스(faience; 도기식기)가 등장하였으며 파이안스는 도기에 유약을 칠하는 기법으로 이탈리아의 파이엔샤 지역에서 유래되었다. 이 시기부터 각자의 식기를 사용하게 되었다.

④ 17~18세기

향신료의 가치가 하락하였으며 이를 대체하기 위해 조리방법의 다양화와 복잡화가 이루어졌다. 또한, 길을 걷게 되는 시기이며 건강을 회복한다는 의미의 '레스토랑'이라는 요릿집과 카페가 등장하여 커피, 차, 초콜릿 등의 음료와 과자가 제공되었다.

⑤ 19세기

19세기에 이르러 요리의 장식과 식품도구의 발달, 그리고 식사 매너 및 서비스의 발전이 이루어졌다. 통조림과 마가린이 발명되었으며, 이때부터 설탕, 분말, 수프 등의 생산이 가능해졌다. 그 외에 1858년에는 제빙기가 발명되었고, 1922년에는 냉장고가 프리지델이라는 상품으로 등장하였다.

⑥ 현대

현대에 이르러 호텔 문화의 발전에 따라 테이블 매너와 미식문화가 활성화되고 뉴셀프(new self), 퀴진느(cuisine)의 서비스 방법이 소생되었다.

● 미국식 테이블 세팅

1. 냅킨
2. 생선용 포크
3. 주요리용 포크
4. 디저트용 포크
5. 빵과 버터 접시
6. 주요리용 접시
7. 물 잔
8. 레드 와인 잔
9. 화이트 와인 잔
10. 디저트용 스푼
11. 주요리용 나이프
12. 생선용 나이프

정찬식 세팅은 생선 요리를 제 1코스로 세 코스의 식사가 세팅된다.

빵 나이프는 선택의 자유이고 버터 접시 위에 놓는다. 주요리 코스를 먹을 때 디너 포크는 오른손에 잡고 먹는다. 음식을 자를 때는 나이프가 필요한데 이때는 포크를 왼손으로 바꾸어 잡는다. 푸딩 도구들은 세팅의 맨 윗부분에 놓여질 수 있거나 푸딩이 서브될 때 가져와 놓을 수 있다. 스푼과 포크를 둘 다 사용할 필요는 없지만, 그것은 보다 편한 방법이 될 수 있다.

프랑스식 테이블 세팅

1. 주요리용 포크
2. 디저트용 포크
3. 주요리용 접시
4. 냅킨
5. 소금과 후추 세트
6. 물잔
7. 레드와인 잔
8. 화이트와인 잔
9. 디저트용 스푼
10. 주요리용 나이프
11. 콘소메용 스푼

프랑스 세팅은 미국이나 영국의 세팅과 방법의 수에서 다르다. 버터 접시와 나이프는 사용하지 않으며, 빵은 테이블 위에 직접 놓고 버터는 서브되지 않는다.

포크와 스푼은 앞부분이 밑으로 가도록 놓고 식탁용 큰 스푼은 둥근 모양의 수프 스푼과 함께 보다 친숙함을 위해서 사용되었다. 나이프 레스트는 디너 나이프가 테이블 위에 놓일 수 있도록 하기 위해서 필요하고, 나이프는 푸딩이 서브되기 전에 치즈 코스에서 사용되기도 한다.

영국식 세팅

1. 빵과 버터 접시
2. 냅킨
3. 주요리용 포크
4. 디저트용 포크
5. 플레이스 카드
6. 주요리용 접시
7. 물 잔
8. 레드 와인 잔
9. 화이트 와인 잔
10. 디저트용 스푼
11. 주요리용 나이프
12. 수프용 스푼

영국은 원칙적이고 전통 방식을 고수하는 클래식한 테이블 세팅을 한다.

전통적으로는 식탁 자체의 디자인을 가리는 테이블 클로스는 사용하지 않고 1인용 테이블 매트를 사용하는 것이 정석이다. 테이블 매트 왼쪽에 빵과 버터 접시를 놓고 그 위에 냅킨을 올린 후 메인 요리를 위한 주요리용 포크와 디저트용 포크를 나란히 놓는다.

포크 옆에 주요리용 접시를 올리고 그 옆으로 디저트용 스푼, 주요리용 나이프, 수프용 스푼을 순서대로 놓는다. 메인 접시 위쪽에 플레이스 카드를 배치한다. 그리고 물 잔, 레드 와인 잔, 화이트 와인 잔 순으로 배치한다.

5. 이미지별 테이블 세팅

(1) 클래식(Classic)

라틴어의 최고의 뜻에서 유래되었으며 일류의 표준적인 '최고 수준의'라는 의미로 사용되고 있다. 이집트, 그리스, 로마 건축양식을 바탕으로 남성적이며 극적인 분위기를 계승한 바로크시대 풍과 르네상스의 절제미와 질서미를 계승한다.

클래식의 분위기는 영국의 격조 높은 이미지이다. 클래식 테이블 세팅은 명품 테이블 웨어와 커트러리로 연출하며 벨벳과 실크 섬유, 금색을 배합한 고품질 소재의 린넨을 사용하여 중후한 분위기를 조성한다.

① 이미지 : 원숙미와 성숙하고 고전적이며 전통적인 멋이 가미되어 안정감을 준다. 또한 풍요로움을 추구하는 비교적 여유 있는 사람들이 선호하는 이미지이다.

② 색감 : 고전적이고 고풍스러운 색으로 깊이 있는 색, 어두운 색을 주로 배색, 중후한 난색 계열에 흑색 · 청색 · 보라색의 배합으로 깊이감을 연출하면 된다. 남성적인 이미지를 연출할 때는 한색 계열을 주조색으로 연출하면 침착한 분위기를 낼 수 있다. 그리고 버건디, 와인 레드, 네이비 블루 등 다크 톤과 딥 톤을 중심으로 다색상을 배합시켜 성숙한 이미지를 연출한다.

③ 린넨 : 장식성이 풍부하거나 은은한 무늬의 테이블 클로스, 벨벳 실크로 트리밍(trimming)한 고급스러운 러너, 고전적인 문양의 패턴이나 손으로 수를 놓은 제품도 가능하다.

④ 커트러리 : 은, 은도금, 다양한 금색 장식, 길이가 긴 유럽식의 정찬용 커트러리가 적당하다.

⑤ 글라스 웨어 : 크리스탈, 금 · 은 · 도금, 크리스탈

(2) 엘레강스(elegance)

라틴어 '선발된'의 뜻에서 품위 있고 우아하며 고상한 아치가 있는 뜻으로 풀이된다. 프랑스의 양식미를 이미지화한 것으로 다분히 여성취향적이다.

섬세하면서 품위가 돋보이고 균형이 잡힌 평온한 분위기를 뜻한다.

① **이미지** : 기품 있는 우아미로 세련된 성인 여성을 연상케 하며, 약간 그늘진 듯한 느낌, 부드러운 곡선이 흐르는 듯한 유려함, 안개빛 유리로 투과되는 듯한 빛의 파장 등 깊은 정서가 감도는 운치 있는 이미지이다.

② **색감** : 로맨틱한 스타일의 파스텔 톤에 회색 계열의 중후함을 가미하면, 경박스럽지 않고, 고급스러운 이미지를 연출할 수 있다. 부드러운 회색을 중심으로 적자색계와 보라가 대표적이다. 색상의 수를 가급적 줄이고, 전체적으로 부드러운 톤으로 분위기를 조성하는 것이 좋다.

③ **린넨** : 마, 실크, 새틴, 약간 광택이 있는 린넨, 섬세한 자수, 레이스, 우수한 품질의 고급 소재 등으로 이미지를 표현할 수 있다.

④ **커트러리** : 품위 있는 조각과 디자인 제품이 적당하고 장식성이 풍부한 제품은 뒤집어서 세팅하기도 한다.

⑤ **글라스 웨어** : 장식이 화려한 크리스탈

(3) 캐주얼(casual)

라틴어 '일어난 일의'라는 뜻에서 '우연히 되는 대로', '약식의'라는 의미로 쓰인다. 양식이나 모양에 구애받지 않고 자연소재나 인공소재를 배합하는 등 자유로운 발상으로 연출한다. 투명감이 있는 '적색', '황색', '녹색' 등 생생한 컬러를 중심으로 다색상 배합을 통해 발랄한 분위기를 연출한다. 편안하고 개방적인 느낌이 캐주얼 이미지의 포인트이다.

가벼운 캐주얼(light casual), 푸어 캐주얼(pure casual), 내추럴한 캐주얼(natural casual) 등으로 세분하기도 한다. 밝고 맑은 컬러와 화사한 느낌으로 다양한 식탁의 연출이 가능하다. 정형화된 틀이 없으므로, 연출가의 상상력에 맞춰 다양한 시도가 가능하다. 일반 가정식 상차림처럼 실용적이고, 편안한 분위기의 연출에 적당하다.

① 이미지 : 컬러풀하고 선명한 이미지로 자유롭고 활동적인 느낌을 준다.

② 색감 : 밝고 선명한 컬러, 스포티하고 콘트라스트가 강한 배색, 편안한 컬러, 백색 톤과 부드러운 아이보리색을 기조로 '적', '황', '청'의 컬러풀한 소품으로 포인트를 주면 멋진 분위기를 연출할 수 있다. 그러나 너무 많은 수의 색상을 사용하면 분위기가 산만해질 수 있다. 2~3가지 색으로 한정시켜 젊고 밝은 느낌으로 정돈한다.

③ 린넨 : 유색 소재, 체크 무늬, 비비드 컬러의 테이블 클로스 또는 다양한 소재의 매트를 사용한다.

④ 커트러리 : 스테인리스 제품이나 일회용 플라스틱 제품, 나무나 고무 핸들, 유럽식보다 약간 짧은 미국식 스타일로 연출한다.

⑤ 글라스 웨어 : 유색의 유리잔, 두꺼운 강화 컵이나 모양이 있는 컵, 플라스틱

(4) 모던 (modern)

'현대의 것'이란 의미로 그 시대를 반영하는 최신의 선구적인 스타일을 뜻한다. 따라서 모던은 변화가 크고 시대의 흐름을 반영한 새로운 스타일로, 도회적이고 시원한 기계적인 느낌의 디자인에서 출발한다고 할 수 있다.

모던 스타일은 양식적인 장식을 거부하고 공업화가 가져다 준 고기능성과 합리성을 보다 많이 생략해 추상화한 형식으로 표현하려고 한 것이 특징이다.

분명한 선과 단순한 디자인을 중심으로 기능 위주의 현대적인 감각의 분위기를 연출하며, 장식이 배제된 단순한 제품으로 경쾌한 스타일을 표현한 디자인을 예로 들 수 있다.

① 이미지 : 합리적이고 현대적인 도회지의 이미지로 세련미가 있다.

② 색감 : 무채색의 모노 톤을 배열하거나 악센트 컬러로 원색 계열만 나열하는 것이 테크닉이다. 색은 무채색, 금속 색을 기본으로 한다.

③ 린넨 : 모노 톤, 무지의 패브릭이나 기하학적 무늬 혹은 과감한 스트라이프 무늬, 폴리에스테르 소재도 가능하다.

④ 커트러리 : 직선을 강조하는 제품, 스테인리스스틸 제품이 적당하다.

⑤ 글라스 웨어 : 스템(stem) 부분에 색이 들어간 것

(5) 에스닉 (Ethnic)

에스닉의 사전적인 정의는 '인종의', '민족의', '민족학의', '민족 특유의', '소수민족의' 등이라는 뜻으로 래디칼이 피부나 눈의 빛깔, 골격 따위를 통해서 본 경우에 쓰인다면 에스닉은 언어와 습관, 관습 등을 통해서 본 경우에 해당된다.

즉 에스닉 디자인이란 개별문화의 특수 형식과 내용이 타문화권에서 사용되어 상호소통이 가능한 문법으로 구현된 것으로 정의할 수 있을 것이다.

에스닉 스타일은 유럽 이외의 세계 여러 나라의 민속적인 요소들과 민족 고유의 염색, 직물, 자수, 액세서리 등에서 영감을 얻어 디자인한 패션에서 비롯되었다. 또한 손으로 작업한 듯한 투박한 느낌과 다소 거친 느낌이 어울린다.

① **이미지** : 특정 민족의 독특한 스타일을 의미하는 에스닉은 '민족적'이라고 풀이되며, 세계 여러 나라 민족의 생활풍습, 민속의상, 장신구, 라이프 스타일에서 영감을 얻어 발전되었다.

② **색감** : 색감으로는 그린색이나 강렬한 오렌지색 등의 자연을 닮은 색, 붉은색, 검은색, 노색 등의 원색, 흙에 가까운 나무 색깔이나 카키색 등이 속한다.

③ **린넨** : 서로 다른 톤의 컬러 매치로 화려함이 돋보이는 수직물, 천연소재인 면이나 마, 화려한 무늬의 아프리카 풍 직물이 어울린다.

④ **커트러리** : 조개류, 나무, 동물의 뼈, 대나무 등을 모티브로 한 젓가락이나 스푼

⑤ 글라스 웨어 : 강열한 색이 인상적인 유리잔, 나무의 열매나 껍질의 느낌이 나는 자연소재의 제품. 천연재료의 사용과 재활용 기법의 적절한 조화로 자연주의와 전원적 아치를 추구한다.

(6) 젠(Zen)

젠은 불교 용어인 선의 일본식 발음으로 사유수, 즉 조용히 생각하는 것을 뜻한다.

젠 스타일(zen style)은 1990년대 유럽에서 시작되었으며 서양에서 본 동양사상으로 '명상', '절제', '정갈함', '고요함', '자연스러움'으로 표현된다. 이러한 젠의 요소들은 패션 인테리어 등 스타일을 선도하는 모든 분야에서 각광받고 있으며 다시 동양까지 영향을 주고 있다.

① 이미지 : 모더니즘의 영향을 받아 심플한 선으로 동양적 분위기의 새로운 영감을 디자인한 것이다. 실험적인 소재의 순수한 기능을 통하여 제안되었으며 회화나 조각에 있어서의 추상적인 경향은 대체로 기하학적인 단순한 형태로 표현되고 있다.
② 색채 : 흑백 모노 톤 외 밤색, 카키색, 겨자색, 보라색이 이에 속한다.
③ 린넨 : 흑, 백, 나무색 정도의 부드러운 질감의 직물을 활용한다.
④ 커트러리 : 나무젓가락의 활용
⑤ 글라스 웨어 : 단순한 라인의 유리잔

(7) 로맨틱(Romantic)

19세기 초의 서구 스타일로서, 부드럽고 낭만적인 이미지를 가지고 있다. 또한 성숙하지 않은 소녀의 순수한 이미지를 그대로 담고 있으며, 밝은 분위기를 연출해 낸다. 컬러로는 서정적이면서 스위트한 핑크, 옐로, 파스텔 톤의 오렌지 같은 낭만적이면서 사랑스런 느낌의 이미지를 갖는다.

① 이미지 : 가련하고 사랑스러운 소녀의 이미지로, 달콤하고 부드러운 느낌을 연출할 수 있다.
② 색채 : Baby pink, Lime green, Very pale 등의 사랑스러운 컬러가 사용된다.
③ 린넨 : 파스텔 톤의 꽃무늬 레이스, 귀여운 느낌의 꽃 모양을 주로 활용한다.
④ 커트러리 : 실버, 스테인리스스틸
⑤ 글라스 웨어 : 유리, 크리스탈
⑥ 플라워 : 스프레이 장미, 수선화, 히아신스로 장식하면 한층 로맨틱한 분위기를 표현할 수 있다.

(8) 내추럴 (Natural)

현대사회가 고도로 기계화 · 문명화되어 가면서 사람들은 편안한 휴식과 자연을 찾게 된다. 자연을 소재로 한 흙, 돌, 식물, 자연광 등에서 자연을 느끼도록 적극적으로 도입한 것이 자연주의이다. 자연의 이미지를 그대로 살린 흙이나 나무로 만들어진 공예품이라든가 도기나 나뭇결을 살린 가구 등을 그 예로 들 수 있다.

또 풀이나 나뭇잎 패턴으로 물들인 이미지에서 느낄 수 있는 소박하면서도 손으로 직접 만든 듯한 느낌을 주는 것 등이 있다. 계속 보아도 싫증이 나지 않는 자연 색조나 패턴, 얕은 여울이나 시원한 바람 등에서 느껴지는 상쾌한 기분, 따스하고 평화로운 자연풍경 등 자연이 가져다 주는 마음의 평온이 자연주의 이미지의 기본이 된다고 할 수 있다.

역사적으로 볼 때 가구의 대표적 자연 소재는 나무였으나, 최근 다양한 소재의 개발과 더불어 가구에도 이러한 소재들을 응용한 파격적인 디자인들을 많이 선보이고 있다. 이 중 환경을 오염시키는 플라스틱과 같은 소재들이 점차 지양되고 재생할 수 있는 자연 소재를 이용한 디자인이 다시 활성화를 이루고 있다.

예를 들면 금속 프레임에 가죽으로 된 좌판과 등받이를 가진 의자나 금속 프레임에 비취목(beech) 판재를 끼워 넣어 완성되는 녹다운(knock-down) 의자는 제품을 분리하여 재활용이 가능하므로 자연을 고려한 환경 친화적인 제품이라 할 수 있다.

21세기형 인테리어의 가장 큰 특징은 완벽한 기능성을 추구하면서도 지극히 내추럴하고, 그와 동시에 지극히 모던함을 지향하는, 서로 상반되는 두 경향을 좇고 있다. 사이버 시대임을 부인할 수 없는 지금의 현실에서 좀더 자연을 느낄 수 있는 집들이 바로 2000년대의 주거환경으로서 필요한 것이다.

발달된 기계 문명과 인공적인 요소가 우리 생활에 많은 부분을 차지할수록 가장 기본이 되는 근원, 곧 자연으로 돌아가려는 본능을 불러일으킨다. 샤프하고 도회적인 모던 감각과는 대조적으로 마음이 편안해지는 온화한 분위기의 집합이다.

① 이미지 : 자연미, 따뜻함, 신선함, 온화함, 본연의 미, 한가로움

② 색채 : 자극적인 색, 순색은 피하고 콘드라스트가 강하지 않은 배색이 좋다. 베이지, 녹색, 갈색, 금색, 적색 등으로 연출한다.

③ 린넨 : 수공예적

④ 커트러리 : 나무, 스테인리스스틸 제품이 어울린다.

⑤ 글라스 웨어 : 유리, 목기

⑥ 플라워 : 소국, 과일, 데이지, 해바라기처럼 화려함보다 소박하고 자연스러운 꽃으로 장식한다.

6. 계절별 테이블 세팅

색은 계절과 함께 특정한 날과 밀접한 관계를 가지고 있다. 봄, 여름, 가을, 겨울의 느낌과 감정을 가장 확실하게 보여 줄 수 있는 것은 그에 맞는 색을 알맞게 사용했을 때이다. 색의 연상은 개인의 경험이나 취향, 그가 속해 있는 문화와 직업 등에 따라 다르게 받아들여지지만 누구나 보편적으로 느끼는 이미지가 있다.

특히 계절과 색은 불가분의 밀접한 관계를 가지고 있다. 봄에는 새싹과 생명력을 연상시키는 연두색을, 여름철에는 흰색이나 파란색 등 시원하고 차가운 느낌의 색들이 많이 쓰이며 황금 들판과 낙엽이 연상되는 가을에는 빨간색이나 주황색 계열과 갈색을, 겨울에는 흰색 · 회색 · 검은색 등과 같이 차갑고 쓸쓸한 느낌의 무채색 계열의 색들을 쓰게 된다.

(1) 사계절과 이미지색

● 봄

밝고 유연하고 융화적인 느낌

① 이미지 색상 : 노란색, 연두색, 핑크색

② 이미지 연상 : 새싹, 꽃, 따스한, 햇빛

③ 이미지 언어 : 부드러움, 순수, 평온

● 여름

대비가 강하며 시원한 느낌

① 이미지 색상 : 파란색, 스카이

② 이미지 연상 : 태양, 바다, 소라, 조개

③ 이미지 언어 : 시원, 청량, 신선, 바다, 정열

가을

맑고 풍성한 결실의 느낌

① 이미지 색상 : 주황색, 갈색, 황토색, 베이지색

② 이미지 연상 : 선명한 하늘, 잘 익은 열매, 따가운 햇살

③ 이미지 언어 : 고독함, 결실, 우아함

겨울

무채색의 흰색을 사용한 차가운 느낌

① 이미지 색상 : 흰색, 검정색, 회색

② 이미지 연상 : 칙칙한 하늘, 눈, 크리스마스

③ 이미지 언어 : 차가움, 딱딱함, 추위, 쌀쌀함, 예수의 탄생

우리쌀을
사랑해주세요!

3.

푸드 스타일링

1. 푸드 스타일링 연출 도구

(1) 측정용 도구

계량 스푼, 계랑 컵, 줄자, 타이머, 육류 온도측정계, 오븐용 온도계 등.

① 타이머

시간에 따라 음식의 상태가 변하는 요리를 할 때 타이머로 시간을 체크하면 원하는 상태의 음식을 만들 수 있기 때문에 편리하다.

② 온도측정계

온도가 정확히 맞아야 하는 음식일 경우에 온도측정계를 사용하면 훨씬 효과적으로 조리할 수 있다. 특히 고온의 기름을 사용해서 조리하는 요리의 경우는 기름의 온도를 잘 맞춰야 하기 때문에 기다란 측정봉이 달려 있는 온도측정계는 온도측정의 정확성뿐만 아니라 안전성 면에서도 유용한 도구이다.

(2) 막대형 도구

일자 핀, T핀, 케밥용 꽂이, 이쑤시개, 빨대 등.

① 이쑤시개

음식을 고정하거나 작은 부분을 수정하고 연출할 때 쓰이며 안 보이는 곳을 고정할 때 쓰인다.

② 그릴용 쇠막대

고기 연출시 그릴 모양을 찍을 때 그릴용 쇠막대를 불에 달구어 사용한다. 이렇게 연출하는 이유는 스테이크 등의 요리에서 원하는 방향이나 모양대로 그릴 자국을 얻을 수 있기 때문이다.

(3) 스파출러

나무 스파출러, 스테인리스스틸 스파출러, 팬케이크용 스파출러 등.

(4) 나이프

섬세한 모양의 작은 나이프, 고기 전용 나이프, 디저트용 나이프, 필러 등.

① 페어링 나이프

보통의 칼보다는 날이 작은 칼로서 얇고 뾰족해서 과일이나 채소를 원하는 모양으로 자르거나 연출할 때 사용하면 좋다.

② 필러

채소나 과일의 껍질을 벗기거나 아주 얇게 썰 때 사용하는 도구이다. 형태에 따라 요크셔, 오스트레일리안, 와이 타입으로 구분되며 근래에는 주로 오스트레일리안과 와이 타입 필러가 많이 사용된다.

③ 가니시 커터

가니시는 완성된 음식의 모양이나 색을 좋게 하고 식욕을 돋우기 위해 음식에 곁들이는 장식을 말한다. 요리에 따라 음식 위에 뿌리거나 아래에 얹어 장식을 한다.

가니시 커터는 가니시 작업을 위해 특별히 제작된 칼로서 과일이나 채소에 문양을 새기거나 모양을 형상화한 조각을 만들 때, 초콜릿 공예 등에서 유용하게 사용된다.

(5) 식품도구

캐러멜 색소, 데리야키 소스, 콘 시럽, 식용 색소, 젤라틴, 전분, 올리브 오일 등.

① 붓과 식용유

음식을 촬영하기 전에 붓을 이용하여 음식물에 식용유 등을 발라 윤기를 내주면 훨씬 먹음직스러워 보인다.

② 주사기와 글리세린

오랜 시간 촬영을 진행하다 보면 뜨거운 조명의 열기로 인해 음식 표면이 마르기 십상인데, 이렇게 쉽게 마르는 물방울은 주사기와 글리세린을 이용하여 마치 진짜 물방울처럼 보이게 연출하는 것이 효과적이다.

③ 베이비 오일

브러시를 이용하여 베이비 오일이나 식용유를 음식 표면에 발라 주면 음식에 윤기가 흐르게 되어 더욱 먹음직스럽게 보인다. 케이크 · 빵 · 과일조림 등 비교적 표면이 마른 음식의 경우, 식품 표면에 젤라틴을 발라 코팅을 해주면 촬영시간 내내 지속적인 광택 효과를 줄 수 있다.

④ 착색제

음식 고유의 색깔을 살려 주거나 더욱 선명하게 연출하고자 할 때 다음과 같은 여러 가지 보조 재료를 사용한다.

커피 또는 빵이나 고기 등의 갈색 색감을 입히기 위해 사용하며 잘 구운 듯한 느낌을 연출할 수 있다.

간장은 육수나 소스, 커피 등으로 색감을 연출하기 위해 많이 사용하며 캐러멜 소스도 커피나 간장 대신으로 사용할 수 있다. 더욱 뚜렷하고 신속한 효과를 위해서는 푸드 컬러를 사용하기도 한다.

(6) 브러시

패스트리용 브러시, 칫솔, 메이크업 전용 브러시 등.

(7) 스푼

긴 손잡이의 스푼, 작은 사이즈의 스푼 등.

(8) 세제

유리창 닦는 세제, 제탁용 가루비누 등.

(9) 작업인들을 위한 도구

일회용 밴드, 아스피린, 핸드크림, 메모지, 볼펜, 연필, 앞치마 등.

앞치마

작업을 할 때는 몸에 편하고 주머니가 많이 있어 자주 쓰는 도구들을 수납할 수 있는 앞치마를 두르면 편리하다.

(10) 미세연출을 위한 도구

테이프/양면 테이프, 면봉, 집게, 깔때기, 치즈 클로스, 풀, 패츄리 백/팁, 스포이드, 립글로스, 거름종이, 실/바늘, 낚싯줄, 핀셋, 깡통따개, 스쿱, 포크, 작은 사이즈의 거품기 등.

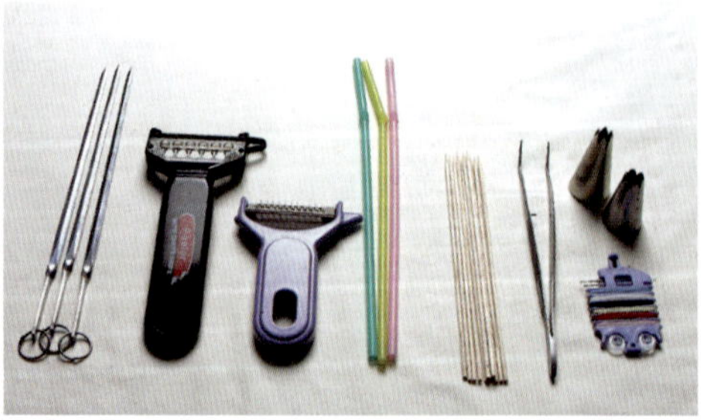

① 반사 방지 스프레이

철제나 유리 제품들은 빛이 반사되기 때문에 사진촬영 시 사진의 느낌을 떨어뜨릴 수 있다. 이때 반사 방지 스프레이를 분사하면 원하는 느낌을 연출할 수 있다.

② 핀셋

영어로는 트위저(tweezer)라고 부른다. 푸드 스타일링 작업 시에 미세한 부분의 음식물을 수정하거나 손으로 만질 수 없는 부분을 연출할 때 사용한다.

③ 면봉

이물질을 세심하게 닦아낼 때 사용한다.

④ 실

계란 단면을 자를 시에 칼로 자르면 칼의 단면 자국이 남게 되는데 실로 자르면 깔끔하게 잘린다. 면 촬영 시에는 가지런하게 하기 위해 면을 실로 묶어준다.

⑤ 스쿱

스쿱은 국자같은 기구로 두 가지 형태가 있다. 아이스크림을 떠내거나 멜론 볼 같은 것을 만드는 데 사용되는 둥근 것과 설탕, 소맥분 등을 퍼내는 삽 같은 것이다.

⑥ 깔때기

기름, 물을 병이나 그릇에 담을 때 용기에 묻지 않게 담을 수 있다.

⑦ 에그 슬라이서

주로 삶은 달걀을 일정한 두께로 깨끗하게 잘라 내어 여러 개의 슬라이스로 만드는 데 유용한 도구이다. 부드러운 과육을 지닌 딸기나 키위 같은 과일이나 양송이 버섯 등을 다루는데도 많이 사용된다.

⑧ 제스터

레몬이나 라임, 오렌지 등의 껍질을 가늘고 길게 벗겨서 이를 데커레이션이나 연출에 사용할 수 있게 해준다.

⑨ 코어러(corer)

사과의 씨 부분을 손쉽게 나머지 과육으로부터 분리해 낼 수 있도록 만든 도구이다. 그 뿐만 아니라 다른 과일이나 채소의 중앙 부분을 깊게 파내는 용도로도 쓰인다.

⑩ 토치

음식의 표면을 맛있게 보이게 하거나 음식의 형태를 유지하면서 익히고자 할 때 주로 사용하는 도구로 '불대'라고도 한다.

필요한 부분만 골라서 구울 수 있어 부분적인 연출을 할 경우에 매우 유용하다.

⑪ 에어브러시

흔히 에어브러시라 불리는 에어블로어(air blower)는 촬영 대상에 붙어 있는 미세한 먼지나 부스러기 등을 정리할 때 사용한다.

⑫ 디셔

아이스크림이나 과일, 밥 등의 모양을 내는 도구로 과일 데커레이션이나 아이스크림 연출 및 새로운 스타일을 연출할 때 많이 사용한다. 대개 3~4가지 다른 용량을 구비해서 다양한 크기와 용량으로 연출하는 데 사용한다.

(11) 인조 도구

인조 서리, 인조 연기, 인조 거품, 인조 얼음, 인조 물방울 등.

① 인조 서리

냉장고에서 금방 꺼낸 맥주병이나 서리가 살짝 낀 병을 촬영하는 것은 뜨거운 카메라 조명과 높은 실내 온도, 촬영시간 등을 고려하면 그리 쉬운 일이 아니다. 이럴 때 사용하는 것이 인조 서리이다.

② 인조 연기

두 가지 약품을 섞어 연기를 만드는 것으로 광고 촬영에 주로 사용한다.

③ 인조 거품

맥주를 촬영할 때는 맥주의 충분한 거품이 꺼지지 않도록 연출해야 하는데 원래 맥주 고유의 거품은 시간이 경과함에 따라 자꾸 꺼지게 되어 실제 촬영 작업에서는 적합하지 않다.

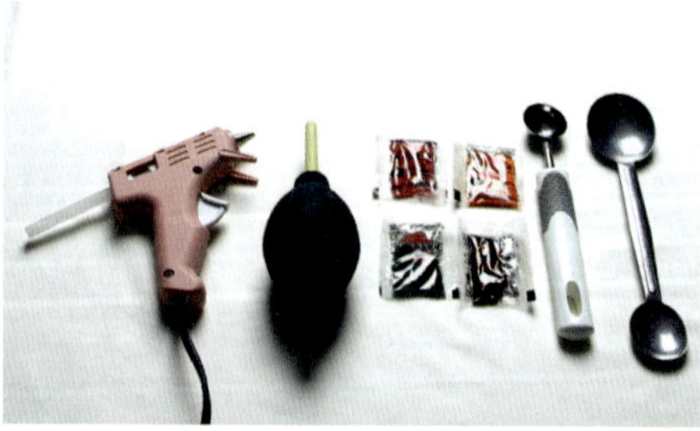

이럴 경우 사용하는 것이 인조 거품으로, 두 가지 약품을 섞으면 비교적 장시간 꺼지지 않는 흰색의 거품이 생성된다.

④ 인조 얼음

얼음이 필요한 촬영의 경우 실제 얼음을 사용하지 않고 대부분 인조 얼음을 사용한다. 이러한 인조 얼음에는 다음과 같은 두 가지 종류가 있다.

먼저 인조 얼음 알갱이는 20분 정도 물에 불려서 사용하는 것으로 싱싱한 해산물 연출이나 팥빙수 등에 효과적으로 활용할 수 있다.

이에 반해 인조 크리스탈 얼음은 각얼음 대용으로 쓰이며 투명한 아크릴 수지 등으로 제작되어 얼음보다 단단하고 녹지 않으며 속이 투명해서 위스키 광고에 많이 사용한다.

⑤ 인조 물방울

커피나 음료의 표면에 방울방울 맺혀 있는 물방울은 시간이 경과하면 모두 흘러내리기 때문에 인공적으로 만든 인조 물방울을 표면에 사용한다. 이 인조 물방울은 화학적으로 물방울처럼 만든 것으로서 시간이 경과하면 꺼지는 진짜 물방울에 비해 장시간 촬영에도 그 형태를 유지한 채 커피나 음료잔의 표면에 맺혀 있다.

(12) 그 밖의 준비물

이동용 가방, 작은 사이즈의 팬, 알루미늄 포일, 랩, 일회용 컵, 일회용 비닐 장갑, 다리미 등.

① 툴박스

'장비상자'라고도 불리는 툴박스는 인테리어 공사 시 공구를 지참할 때 사용하는 공구함이나 메이크업용 가방을 사용하면 제격이다. 이 툴박스는 대개 3~4단 정도 구분된 층이 들어 있어 필요한 도구와 용품들을 정리하여 담아둘 수 있으며, 작업 시에 빠르고 편리하게 이용할 수 있도록 펼칠 수 있게 구성되어 있다.

② 다리미

사진에 천의 구김이 보이면 안 되기 때문에 꼭 다리미를 이용하여 다려 준다.

③ 분무기

분무기는 배경으로 쓰는 천 등을 다리거나 채소 · 과일 등에 물방울이 맺히게 하여 싱싱한 느낌을 연출할 때 사용한다.

2. 실전 푸드 스타일링

(1) 야채

야채의 싱싱함을 표현해 주기 위해 글리세린을 많이 사용한다. 또한 더 생생한 표현을 위해서는 인조 물방울을 사용하기도 한다.

① 야채를 깨끗이 씻고 물기를 닦아 준다.
② 표현하고 싶은 부분에 글리세린을 발라 준다.
③ 분무기로 글리세린을 발라준 부분에 물을 뿌려 준다.

(2) 아이스크림

아이스크림은 대부분 모형을 만들어 촬영한다. 실제 아이스크림을 못 쓰는 이유는 촬영시 뜨거운 조명 때문에 녹아버리기 때문이다. 보통 슈가 파우더를 많이 사용하는 편이고 감자를 사용하기도 한다. 아이스크림 색을 낼 때는 색소를 이용한다.

① 슈가 파우더를 볼에 담고 쇼트닝과 물엿을 넣어 반죽해 준다.
② 너무 많이 치댈 경우, 기름 성분인 쇼트닝이 손의 온도 때문에 질어지는 경우가 있다. 잠시 놔두었다가 굳어지면 다시 치대서 사용하면 된다.
③ 반죽을 스쿱으로 떠서 아이스크림 결을 내준다.

④ 아이스크림에 과일, 견과류, 허브장식 등을 곁들이거나 시럽이나 색이 첨가된 가루로 장식하도록 한다.

(3) 커피

보통 커피의 거품은 계란의 흰자 거품을 이용한다.

커피를 포함하여 따뜻한 음식의 김을 표현할 때는 담배연기 또는 인조 연기 약품을 사용한다.

(4) 밥

밥은 식용유를 바르는 것보다 붓을 이용하여 베이비 오일(baby oil)을 발라주는 것이 효과적이다.

● 밥 촬영시 유의사항

쌀은 도정 날짜가 짧고 품질이 좋은 쌀을 선택하여, 세게 문지르지 말고 3~4번 살살 흔들어 씻어 15~30분 사이로 짧게 불린다. 쌀과 물의 비율은 1:1(압력솥)/1:1.5(냄비)로 하여 밥을 짓는다. 촬영용 밥은 너무 익히지 않고 불린 쌀을 끓여 10분 이내에 익혀 낸다. 윗부분의 가장 윤기가 흐르고 탱글탱글한 쌀알을 메인으로 한다(윤기 : 베이비 오일 등을 첨가하여 짓거나 밥을 담은 뒤에 오일을 발라줌).

밥 짓기 원칙 : 끓이기 ⇒ 졸이기 ⇒ 뜸 (불 화력 순서),
냄비 ⇒ 옹기 ⇒ 무쇠 ⇒ 전기밥솥 ⇒ 압력밥솥 (물 양 순서)

(5) 햄버거

① 양상추 잎은 예쁜 부분만 잘라서 빵에 이쑤시개를 이용해 꽂아 준다.
② 토마토는 가운데 부분만 반듯하게 잘라 이용한다. 토마토의 크기가 작을 경우에 뒷부분을 벌려 이용한다.
③ 양파도 가운데 부분만 반듯하게 잘라 이용한다.
④ 고기는 오래 치대어 갈라지는 부분이 없도록 한다.
⑤ 치즈는 끝부분만 살짝 뜨거운 물에 담가 자연스럽게 구부러지도록 한다.
⑥ 깨는 빵의 윗부분에 지저분하지 않도록 이쑤시개와 물엿을 이용해 하나하나 붙여 준다.

(6) 우동

① 면을 불지 않게 삶은 후 그릇에 담는다.

② 면 위에 고명을 조화롭게 올린다.

③ 준비된 재료 위에 색감이 잘 나타나도록 국물을 조심스럽게 부어 준다.

(7) 스테이크

스테이크는 그릴 자국이 관건이므로 이에 유의해서 스타일링한다.

① 고기를 겉만 살짝 익혀 준 후 쇠젓가락을 이용해 그릴 자국을 표현한다.

② 캐러멜 소스를 이용하여 원하는 만큼 익은 느낌을 내준다.

③ 고기의 표면에 기름칠을 더해 먹음직스럽게 윤기를 낸다.

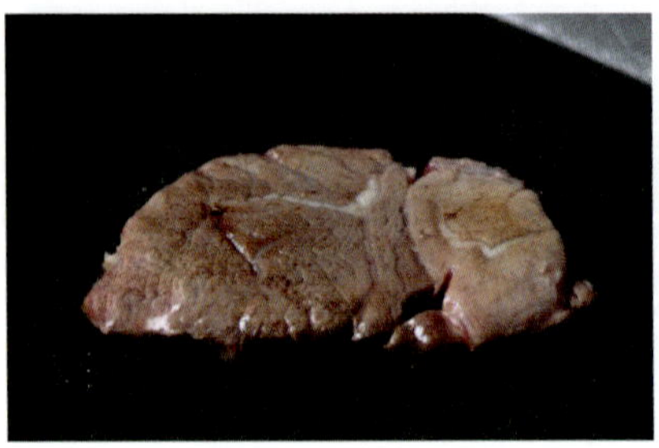

3. 컬러별 푸드 스타일링

인간의 오감 중에서 가장 신속하게 전달되는 것은 시각적 요소이다. 다양한 음식들의 색을 보고 느끼는 감각에 의해 이미지가 결정되기도 하고, 다른 감각과의 통합인지를 통해서도 음식의 색과 맛, 냄새, 소리, 촉감 등을 인식하게 된다.

식품의 색에 대한 선호도를 살펴보면 일반적으로 주황색과 빨간색을 가장 선호하고 그 다음이 노란색, 연두색, 초록색 순이다. 색채와 식욕과의 관계를 살펴보면 빨간색에서 주황색으로 갈수록 식욕은 더욱 자극되고 노란색부터는 식욕을 감소시키며 연두색에서 음식에 대한 선호 정도가 낮아진다.

푸드 스타일링을 하기 위해서는 먼저 음식 본래의 색이 제대로 보이도록 식사공간, 테이블 클로스, 식기 등의 색과 빛의 밝기 상태를 고려해야 한다. 또한 모든 음식과 식재료가 그 고유의 색으로만 보이는 것이 아니라는 점도 염두에 두어야 한다. 식품의 미각적 이미지를 향상시키기 위해 착색하는 경우가 그 예가 될 수 있다.

(1) 식욕을 느끼게 하는 색, 빨강

빨간색은 자극적이고 사람을 흥분하게 하는데, 빨강이 음식의 색으로 작용할 때 자극적인 요소와 강렬한 색상의 영향으로 왕성한 식욕을 느끼게 한다. 빨강은 맛있게 매운 이미지를 연상시켜 모든 음식의 맛을 돋우는 작용을 한다.

활기와 감각신경의 활성화 등과 같은 장점들을 지니는 빨강은 패스트푸드 레스토랑을 비롯한 많은 음식점에서 고객의 식욕을 자극하기 위해 인테리어 컬러로 즐겨 사용하는 색이다.

● 식재료

딸기, 체리, 서양자두, 수박, 대황, 나무딸기, 사과, 사탕무, 토마토, 적후추, 비트, 오미자, 대추, 붉은 파프리카, 붉은 고추, 강낭콩, 육류, 해산물, 육류 가공식품.

● 빨강의 연상 이미지

정열, 축제, 따뜻함, 성욕, 사랑, 홍분, 긴장, 안전, 적극, 전쟁, 분노, 광기, 피, 악마, 반항, 죽음, 권력, 희생.

● 심장질환에 좋은 '레드 푸드'

붉은 빛을 띠는 레드 푸드는 몸에 쌓인 활성산소를 제거해 준다. 비타민과 미네랄, 식이섬유 등이 다량 함유되어 있어 영양소 역시 풍부하며 피를 맑게 하고 활력증강에 좋은 고단위 칼로리를 함유하고 있다.

① 토마토

붉은색의 토마토에는 카로티노이드계 색소인 항산화물질 베타카로틴과 셀레늄(selenium)도 많지만 이보다 항산화작용이 2배나 더 강력한 리코펜(lycopene)이 풍부하다. 이 리코펜은 베타카로틴처럼 체내의 노폐물질인 활성산소를 억제하여 노화를 방지하고 항암효과가 뛰어나다.

토마토는 구연산 · 사과산 · 주석산 · 호박산을 함유하고 있어 산미가 있고, 특유의 향기가 피로회복과 체력증진에 효과가 있다.

또 루틴이 들어 있어 고혈압과 동맥경화, 변비 등에 좋은 채소이다. 토마토는 수분 함량이 90% 이상으로 비타민 A 전구체·비타민 C·비타민 B_1·비타민 B_2를 고루 갖추고 있어 '비타민의 왕'이라고 불리며, 식이섬유와 칼륨 함량이 많은 알칼리성 식품이다.

② 사과

사과의 주요성분은 당과 유기산으로, 당은 대부분 과당과 포도당으로 흡수가 잘 되며 유기산은 사과산·구연산·주석산으로 인체에 쌓인 피로물질을 제거하는 역할을 한다.

또한 식이섬유소가 많아 장의 독물질 흡수를 막고 장내 이상발효도 방지하여 대장질환이나 변비에 좋다. 무기질 중 칼륨이 많아 체내의 나트륨 수치를 낮추어 주므로 고혈압 환자의 혈압을 내려주는 효능이 있다.

그러나 사과의 유기산(organic acid)은 분비를 촉진시켜 소화장애가 있는 사람에게는 좋으나 평소에 위산과다가 있는 사람은 사과의 섭취를 피하는 것이 좋다.

③ 붉은 고추

고추의 매운 맛은 기운이 없을 때 몸에 활력을 불어넣는 역할을 한다. 비타민 C가 풍부한 붉은 고추는 신진대사를 활발하게 하여 체액 분비가 왕성해지고 혈액순환에도 효과가 있다. 또한 고추의 매운 맛은 캅사이신(capsaicin)이라는 성분 때문인데, 이는 젖산균의 발육을 도와 음식을 발효시키는 데 도움을 준다.

(2) 달콤함을 느끼게 하는 색, 주황

오렌지로 대표되는 주황은 우리의 침샘을 자극하는 힘을 가지고 있는 컬러로, 식욕을 돋우어 주는 색들은 대부분 자연계에서 흔히 볼 수 있다.

단맛과 부드러운 맛을 강하게 느끼게 하며, 포만감을 느끼지 못하게 하여 과식할 수 있으므로 만약 다이어트 중이라면 주황색은 피해야 할 색이다.

식재료

오렌지, 망고, 파파야, 살구, 복숭아, 당근, 호박, 순무, 달걀 노른자, 생강, 귤, 감, 멍게, 미더덕.

주황의 연상이미지

열정, 활동성, 강렬함, 친근함, 건강, 명랑, 신선함, 욕망, 경박함, 젊음, 격려, 온화, 호기심, 대담, 에너지, 적극성.

당근

당근은 당나라에서 처음 들어왔다고 해서 붙여진 이름이다. 색깔이 예뻐서 음식의 모양을 내기 위해 많이 쓰는데, 당근이 몸에 좋은 이유도 바로 이 색깔에 있다. 당근이 주황빛을 띠는 것은 베타카로틴이라는 성분 때문으로, 색깔이 진할수록 베타카로틴이 많이 들어 있다. 비타민과 미네랄 등이 균형 있게 들어 있는 알칼리성 식품이어서 고기 등 산성 식품과 함께 먹으면 산성을 중화한다.

한방에서는 당근이 심장과 위장을 튼튼하게 하고 폐에도 좋다고 한다. 옛날에는 당근을 폐결핵의 신약으로 여겼을 정도이며, 당근의 잎과 씨는 몸의 불순물을 없애고 이뇨 작용이 있어 방광염과 신장 결석을 예방하는 효능이 있다고 한다. 또한 홍역, 빈혈, 저혈압, 야맹증 등에도 효과가 있다.

(3) 따뜻한 분위기와 즐거움을 주는 색, 노랑

따뜻한 분위기와 즐거움을 주는 노란색은 신맛과 달콤한 맛을 동시에 느끼게 하는 색이다. 따라서 식욕을 촉진시키고 시각적으로 음식의 맛을 향상시키는 역할을 한다.

노란색을 띠는 식물에는 파이토케미컬(phytoche-mical) 중 가장 강력한 질병 예방제인 카로티노이드가 들어 있고, 암과 심장질환 예방에 효과가 있는 베타카로틴이 함유되어 있다.

● 식재료

보리, 현미, 노란색 렌즈콩, 씨앗, 배, 바나나, 파인애플, 레몬, 그레이프프루트, 버터, 옥수수, 식물성 기름, 꿀, 유자.

● 노랑의 연상 이미지

아동, 여림, 기쁨, 햇살, 활력, 소망, 새로운, 밝은, 맑은, 비겁함, 집중, 경고, 경박함, 질투, 항쟁, 이별, 아픔, 불신.

● 시력향상과 소화기능 강화에 좋은 '옐로 푸드'

세포가 노화하는 것을 방지하고 면역력을 증진시키며 시력을 좋게 한다. 또한 위장에 좋아서 속을 편안하게 하고, 펙틴이 풍부해서 배변활동을 원활하게 해준다.

따듯하고 즐거운 분위기를 내는 금색과 노란색 음식의 종류로는 바나나, 파인애플, 옥수수, 배, 노란색, 렌즈콩, 유자, 호박 등이 있다.

① 호박

호박이 누런 빛깔을 띠는 이유는 호박에 함유된 카로티노이드 색소인 카로틴 때문이다. 이 성분이 항암 효과가 있다는 연구보고서가 꾸준히 발표되면서 호박의 약리 작용에 힘을 실어주고 있다. 따라서 늙은 호박을 고를 때는 누렇게 잘 익은 것을 골라야 약효가 뛰어나고 당도가 높다.

호박은 단백질, 탄수화물, 미네랄, 식이섬유 등을 함유하고 있으며 비타민 A, 비타민 C, 비타민 E 등 다량의 비타민을 함유하고 있는 비타민의 보고다.

당성분은 소화흡수가 잘 되기 때문에 위장이 약하고 마른사람 또는 회복기 환자에게 좋으며 산후에 부기를 뺄 때도 이용된다.

② 옥수수

옥수수는 단백질, 지질, 당질, 섬유소, 무기질, 비타민 등의 성분을 가지고 있어 피부의 건조와 노화예방, 피부 습진 등의 저항력을 높이는 데 좋다.

옥수수의 섬유질이 장을 자극, 운동을 활발하게 하여 변비를 개선시키며, 옥수수에는 신경을 진정시키는 작용도 있어 패주와 함께 조리해서 먹으면 눈의 피로를 없애고 초조함을 진정시킬 수도 있다. 비타민 B_1이 많이 함유되어 있어 여름철의 무더위로 인해 나타나는 증세인 식욕부진, 나른함, 무기력에 효과적이다.

(4) 풋풋함이 물씬 풍기는 색, 그린

그린은 풋풋하고 신선한 야채나 과일을 연상시키는데 음식의 색에서 밝은 녹색은 신선함 때문에 상큼한 맛을 느끼게 하며 짙은 녹색에서는 쓴맛을 느끼게 된다.

이러한 녹색은 식욕을 억제하여 편안하고 즐거운 다이어트 방법으로 이용할 수 있다.

● 식재료

부추, 청포도, 키위 열매, 무화과, 멜론, 라임, 완두콩, 양상추, 브로콜리, 오크라, 올리브, 시금치, 셀러리, 매실, 오이, 양배추, 서양 호박, 올리브유, 페퍼민트.

● 초록의 연상 이미지

자연, 편안함, 안정, 신선함, 생명, 진화, 신뢰, 안전, 성장, 번영, 친근함, 농촌, 약속, 전진, 재충전.

● 상처치유, 콜레스테롤 저하 기능을 지닌 '그린 푸드'

그린 푸드가 가지고 있는 엽록소는 상처를 치료하고 세포를 재생시키며 콜레스테롤 수치와 혈압을 낮추는 효과가 있다. 고혈압, 동맥경화 등 성인병 예방에 도움이 되는 건 물론이고 항산화 기능으로 노화를 방지해 준다.

특히 쑥은 칼슘과 철분이 풍부해서 체질이 산성화되는 것을 막아주며, 세균에 대한 저항력을 길러 준다. 또한 혈액순환을 촉진시켜 주기 때문에 피부미용에 좋다.

① 오이

오이는 열대성 채소로서 90% 이상이 수분으로 이루어져 있어서 땀을 흘린 뒤 수분섭취에 좋다. 땀을 많이 흘리면 수분이 증발되면서 몸 안에 있던 무기질, 즉 나트륨 · 칼슘 · 마그네슘 등도 빠져나가게 되어 물을 마시면 더욱 갈증을 느끼게 되므로 무기질이 풍부한 오이를 섭취하는 것이 좋다.

오이에는 칼륨성분이 풍부하게 들어 있어 신체 내의 노폐물을 배설시키고 몸을 가볍게 한다. 또 이뇨작용을 통해 부종과 소갈에 큰 효과가 있다. 신장기능이 약한 사람에게 특히 좋으며 간경변증 환자에게 복수 부종이 왔을 때 물 대신 오이즙을 사용하는 것도 좋다.

② 브로콜리

흔히 위장병에 좋은 식품으로 양배추를 꼽는다. 양배추 속의 비타민U가 위장을 튼튼하게 해주어 만성위염, 위궤양 등을 예방하고 치료하는 효과가 탁월하기 때문이다. 하지만 브로콜리 속에는 양배추보다 훨씬 많은 비타민U가 들어 있다.

그뿐만 아니라 위암과 위궤양을 일으키는 헬리코박터 파일로리균을 죽이는 설포라페인이라는 성분이 들어 있어 위궤양과 위암에 효과가 있다. 또한 브로콜리 싹에는 브로콜리보다 설포라페인 성분이 20배나 더 많이 들어 있다.

③ 쑥

쑥이라 하면 파란 빛깔의 쑥떡을 연상할 만큼 우리의 민속음식이 되어 있다. 3~5월의 쑥에는 아플라톡신이라는 항암물질을 다량으로 함유하여 이때의 쑥을 채취하여 요리로 활용한다.

쑥에는 칼슘, 조섬유, 비타민 A, 비타민 B_1, 비타민 C와 다량의 엽록소가 포함되어 있어 환절기 식품 중 으뜸으로 손꼽힌다. 특히 봄철의 피부 건조, 호흡기질환, 각종 알레르기성 증상, 위장병 등을 예방 및 치료하는 데 쑥은 아주 좋은 식품이다.

(5) 시원한 느낌과 차분한 감정을 갖게 해주는 색, 블루

상큼하고 시원한 느낌을 주고 감정을 차분하게 해주는 블루는 음식에서 상큼함과 쓴맛의 느낌을 동시에 준다. 또한 음식을 맛이 없어 보이게 해서 식욕을 감퇴시키는 작용을 한다. 만약 주방의 용품들이 온통 파란색이라면 자신도 모르게 음식의 맛을 서서히 못 느끼게 될 것이다.

● 블루의 연상 이미지

깨끗함, 젊음, 미래, 모험, 천국, 안전, 진보, 비즈니스, 편안함, 정적임, 신뢰, 명예, 상쾌함, 차분함, 바다, 하늘, 미숙함, 우울함, 비애, 수심, 꿈, 보석, 성공.

● 혈관을 건강하게 해주는 '블루푸드'

에스키모인들은 동맥경화와 심장병에 거의 걸리지 않는다. 고등어 · 정어리 · 꽁치와 같은 등푸른 생선을 많이 먹기 때문이다.

생선 기름은 혈소판이 혈관벽에 붙는 것을 막아 주고 손상된 혈관을 회복시키는 기능이 있다. 따라서 매주 등푸른 생선 두 마리 정도를 먹는 것이 혈관 건강에 도움을 준다. 종류로는 고등어, 꽁치, 정어리, 청어, 삼치, 가다랑어, 연어, 장어 등이 있다.

① 고등어

고등어는 다른 등 푸른 생선에 비해 비타민과 무기질이 풍부하며 '바다의 보리'라고 불릴 정도로 그 영양가를 인정받고 있다. 고등어는 정어리 등과 같이 전형적인 붉은 살 생선으로 고기의 크기 · 계절의 변화 · 어장 등에 따라 성분치, 특히 수분과 지방의 함량이 크게 변한다.

참고등어는 가을부터 겨울에 걸쳐 지방 함량이 최대가 되며 이 시기의 대형 고등어(35cm 이상)는 먹을 수 있는 부위의 지방 함량이 20%이고 수분은 낮아져서 60%가 된다.

소형 고등어(20cm 이하)일 경우는 지방 함량이 대체로 적고 시기에 따라 무게가 변화한다. 지방은 주로 피하지방층에 집중 분포하며 그 다음으로는 내장 · 머리 · 뼈 · 꼬리 등에 포함하고 있다.

고등어에는 EPA가 참치 다음으로 다량 함유되어 있으며 EPA성분은 동맥경화를 예방하고 혈관을 확장하며, 혈소판의 응고를 억제시킨다. 혈압을 강하시키며, 콜레스테롤 저하 및 혈전증을 예방하는 역할을 한다.

'동국여지승람'의 기록에 의하면 우리 민족이 450년 전부터 고등어를 영양식품으로 섭취하였음을 알 수 있으며 고등어가 지닌 효능으로 이미 고등어잡이가 성행했다는 기록도 확인할 수 있다.

등푸른 생선에 많이 분포하는 성분인 핵사엔(hexane)에는 세포를 활성화하는 기능이 있어 노화를 방지하고 각종 성인병과 암을 예방한다. 고등어의 EPA 성분은 편두통에도 탁월한 효능을 지닌다.

② 장어

장어는 비타민 A의 보고라 할 만한 식품이다. 비타민 A는 성장과 생식 · 저항력 · 시력 · 피부 등 인체에 두루 영향을 미치는 필수영양소로, 예컨대 무게가 80g 가량 되는 장어는 동급 쇠고기에 비해 거의 200배가 넘는 비타민A를 함유하고 있는 것으로 알려져 있다.

장어의 점액단백질은 돼지고기나 쇠고기의 포화지방과는 달리 불포화지방이므로 혈관이 노화되는 것을 예방하며 콜레스테롤이 침착되는 것을 방지하여, 동맥경화 예방과 혈관강화에 기여한다. 또한 철 성분이 풍부하여 빈혈과 골다공증을 예방하기도 한다.

장어에는 스트레스를 해소시키며 피부재생력이 뛰어난 비타민B_1, B_2이 많이 들어 있다. 그 뿐만 아니라 정력을 증강시키는 뮤신(mucin)과 콘드로이틴 성분이 풍부하고 칼슘과 마그네슘, 인, 철, 칼륨, 나트륨 등도 골고루 포함되어 허약 체질을 개선하고 병후 회복에도 널리 쓰인다.

③ 연어

연어는 비타민A가 풍부하고 다른 생선들과는 달리 비타민D도 함유하고 있어 피로회복에는 으뜸이며, 지방이 적고 단백질이 매우 풍부하여 운동으로 소비되는 단백질을 보충하기에는 더없이 좋은 식품이라 할 수 있다.

또한 빈혈에 좋은 헤모글로빈 생성에 필요한 페닐알라닌과 같은 성분이 풍부하여 운동으로 소비된 혈액의 성분들을 보충해 주는 역할을 하고 있다.

동의보감에 의하면 연어는 따뜻한 성격을 지니고 있어 속을 따뜻하게 해주고 부종에 효과적이라고 전해진다. 그래서 산후조리를 할 때 잉어를 대신하여 연어를 먹기도 한다.

연어는 동해안의 특산 어종으로 단백질과 지질의 함량이 매우 높고 비타민과 무기질도 골고루 함유되어 있으며 기억 학습 능력을 유지하는 데 효과가 있다. 연어는 고도 불포화지방산인 DHA를 다량으로 함유하여 동맥경화, 심근경색, 협심증, 혈전증, 뇌졸중, 당뇨병, 고혈압 등의 여러 성인병을 예방하거나 치료하는 데 아주 효과적이다.

(6) 신비롭고 독특한 느낌의 색, 보라

신비롭고 독특한 느낌을 갖고 있는 보라는 음식의 색으로 사용될 때 포도나 블루베리 같은 달콤함이 연상되는 것이 아니라 쓴맛과 함께 음식이 상한 느낌을 준다. 청자색의 색을 잘못 사용하면 담겨진 음식이 서서히 싫어지게 된다.

● 식재료

포도, 가지, 붉은 양파, 적채, 라디치오(radicchio), 비트의 뿌리, 석류, 블루베리, 복분자, 로제 와인.

● 보라의 연상 이미지

신비, 고급, 변화, 귀함, 강압, 불안, 우울, 피로, 슬픔, 멍, 싫증, 공포, 화려, 고독, 귀부인, 병자.

● 혈전 암세포 증식 억제에 뛰어난 '퍼플 푸드'

보랏빛 색소에 들어 있는 안토시아닌은 항산화 작용이 뛰어나고 혈전 형성을 억제해서 심장질환과 뇌졸중 위험을 감소시키고 혈액순환 개선에 효과가 있다. 또한 암세포 증식을 억제하는 폴리페놀 성분과 바이러스 세균을 죽이는 화합물이 다량 함유되어 있다. 음식으로는 포도, 적채, 비트, 석류, 가지, 블루베리, 복분자 등이 있다.

① 가지

가지에는 단백질, 탄수화물, 칼슘, 인, 비타민 A · C 등이 들어 있으며 사마귀, 티눈, 버섯중독 치료에 효과적이다. 특히 생가지를 잘라 얼굴에 자주 문지르면 주근깨가 없

어지며 마른 가지잎을 갈아 따뜻한 술이나 소금물과 함께 마시면 빈혈을 치료한다. 구내염이나 치조농루에는 가지 꼭지를 사용하는데 구내염일 경우에는 그늘에 말린 가지 5~6개를 뚝배기 등에 넣고 5컵 정도의 물을 부은 후 반 정도로 졸 때까지 달이면 진한 보리차 같은 색이 난다.

여기에 굵은 소금을 넣고 하루 2~3회 양치하면 효과가 있다. 이때 양치물이 너무 차가우면 염증을 자극할 수 있으므로 약간 미지근한 온도로 양치를 하도록 한다.

② 블루베리

블루베리는 안토시아닌 성분이 풍부하게 함유되어 있어 눈의 피로를 덜어주고 망막쇠퇴병을 억제해 주는 등 눈에 좋으며, 활성산소를 중화시켜 주는 효능이 있어 노화를 막아준다. 또한 비타민과 미네랄이 풍부하게 함유되어 있어 피부를 윤기 있고 탱탱하게 만들어 준다.

블루베리의 항산화 작용은 뇌기능을 활성화하며 뇌의 노화를 막아주어 치매를 예방한다. 섬유질이 풍부하게 함유되어 있는 블루베리는 창자를 건강하게 해주어 변비 치료에 도움이 되며 콜레스테롤을 줄여 주는 효능이 있어 뇌졸중을 예방해 준다.

③ 레드 와인

레드 와인을 발효시킬 때 포도를 절이는 단계에서 생기는 폴리페놀 성분은 강력한 항산화 효과를 발휘한다. 하루 2~3잔의 레드 와인은 심장병으로 인한 사망률을 40% 이상 줄여주고, 혈관을 수축시키고 혈관의 내피를 두껍게 만들어 동맥경화를 일으키는 원인을 억제하는 효과가 있다.

특히 레드 와인의 수많은 폴리페놀 성분 중 프로사이아토닌이라는 물질이 동맥경화를 예방하는 데 결정적 역할을 한다.

이 성분은 원래 포도껍질에 많이 들어 있지만 알코올을 통해 흡수가 배가 되면서 동맥경화를 예방하게 된다. 또한 레드 와인은 폴리페놀 성분의 항산화 작용으로 뇌혈관을 보호하고 뇌신경 세포의 노화를 예방함으로써 치매병인 알츠하이머병을 예방할 수 있다.

(7) 모던하고 고급스러운 색, 블랙

모던하고 고급스러운 분위기를 연출하는 검은색은 강한 힘과 세련되면서도 화려함을 느끼게 한다. 하지만 음식의 색에서는 쓴맛과 부패한 느낌을 주어 식욕을 떨어뜨리므로 음식의 맛을 제대로 느낄 수가 없게 만든다.

● 식재료

표고버섯, 목이버섯, 검정콩, 검정깨, 흑미, 수박씨, 다시마, 미역, 블랙 올리브.

● 검정 연상 이미지

공포, 죽음, 분노, 엄숙, 지옥, 위험, 금기, 마술, 신비, 우아, 세련, 미스터리, 어둠, 섹시, 모던, 엄격, 긴장, 어둠, 반항, 고뇌.

● 노화방지, 모발 발육증진에 효과적인 블랙 푸드

선풍적인 인기를 끈 블랙 푸드는 노화 방지에 탁월한 효과를 가지고 있다. 노화 및 암, 성인병 예방에 효과적인 안토시아닌과 레시틴, 미네랄 등 각종 비타민이 다량 함유되어 있으며 강력한 항산화 작용을 해서 심장질환과 뇌졸중을 예방한다. 블랙 푸드 식품을 섭취하여 얻게 되는 영양소인 B_3, B_6는 콜레스테롤(HDL)의 흡수와 빈혈 방지에 도움을 준다.

① 미역

미역 속에 들어 있는 히스타민(histamin)을 비롯한 강압 물질들은 혈압을 부작용 없이 뚜렷하게 낮추어 주는 강압제로도 널리 사용되고 있다. 미역에 들어 있는 엽록소, 비타민 C, 베타카로틴과 같은 여러 성분들이 암세포를 30% 이하밖에 성장하지 못하도록 억제하는 항암효과를 갖고 있다는 연구결과가 밝혀졌으며, 또한 미역은 우리 몸 속에 들어가 장의 운동을 원활하게 하므로 직장암 예방에 효과적이다.

② 검정콩

검정콩에는 식물성 여성호르몬인 에스트로겐이 풍부해 폐경기 이후 나타날 수 있는 여러 가지 갱년기 증상을 개선시킨다. 콩에 함유되어 있는 리놀레산(linoleic acid) 성분은 콜레스테롤을 녹여 몸 밖으로 배출시키며 혈관을 유연하게 하여 동맥경화, 고혈압, 심장병, 뇌졸중과 같은 성인병 예방에 효과적이다.

(8) 신선하고 화사한 분위기의 색, 화이트

맑은 느낌을 가진 흰색은 신선하고 화사한 분위기를 가지고 있으나 음식의 색은 짠맛을 느끼게 만든다. 그러나 흰색의 용기 또는 흰색을 바탕색으로 음식을 담으면 음식의 색을 깨끗한 원색으로 반사시키므로 식욕을 느끼게 만드는 역할을 한다.

● 식재료

마늘, 양파, 우유, 무, 감자, 쌀, 밀가루, 인삼, 흰살 생선, 코코넛, 두부, 두유, 양배추, 콜리플라워, 콩나물, 요구르트, 연근.

● 흰색의 연상 이미지

우아함, 순결, 청초, 결백, 순수, 천진, 자각, 고상, 보수, 결혼, 병원, 겨울, 물, 공간, 시작, 수녀, 진실.

● 면역력 강화 여성갱년기 완화 '화이트 푸드'

화이트 푸드의 흰색을 나타내는 안토크산틴은 항균 · 항암 · 항바이러스 · 항알레르기 · 항염증 등 면역력을 키워 준다. 안토크산틴의 성분 중 이소플라본(isoflavones)은 여성호르몬인 에스트로겐과 같은 효능을 가지고 있어서 여성의 갱년기 증상을 완화시켜 줄 뿐만 아니라 피부를 맑고 깨끗하게 유지시켜 준다.

① 마늘

마늘에 함유된 알리신은 강력한 살균작용을 하는데 페니실린이나 테라마이신보다 살균력이 강력하며 게르마늄이 비타민B_1과 결합 시에 비타민B_1을 무제한으로 흡수, 체내에 저장하여 체력증강, 강장효과 및 피로회복의 효과가 있다.

알리신이 지질과 결합하면 피를 맑게 함으로써 세포를 활성화시키고 혈액순환을 촉진하며 함정력 증강, 동맥경화 개선, 신체노화 억제, 냉증 · 동상에 효과적이다.

마늘의 칼륨 성분은 혈중 나트륨을 제거할 뿐만 아니라 혈압을 정상화시켜 고혈압을 개선시켜 준다. 마늘에는 시스테인, 메티오닌 성분이 있어 강력한 해독작용을 한다. 그 밖에 알리신, 치오에텔, 멜가프탄, 유화수소 성분 및 그 유도체들은 수은과 같은 체내에 불필요한 중금속을 배출하고 세균을 제거해 준다.

② 두부

두부는 콩을 이용한 식품 중 식물성 단백질이 풍부한 대표적인 식품이다. 두부의 단백질에는 리신(lysine)이 풍부하며 다른 곡류에는 결핍된 필수 아미노산을 골고루 포함하고 있어 영양면에서 효율적이며 소화도 잘 되는 식품이다.

고단백 식품이면서도 다른 단백 식품과는 달리 열량과 포화지방의 함량이 낮고 콜레스테롤이 함유되어 있지 않은 단백질 식품이므로 과잉 칼로리로 인한 비만인에게 좋은 식품이다. 두부에는 15%의 포화지방산과 80%의 불포화지방산이 함유되어 있으며 인체 내에서 합성되지 않는 필수지방산인 리놀렌산(linolenic acid)을 다량 보유하고 있다.

두부의 자연 레시틴과 리놀렌산은 우리 체내의 콜레스테롤과 지방산이 장내와 혈액에 축적되는 것을 제거하는 작용을 한다. 또한 두부는 칼슘이 풍부하여 치아와 뼈의 건강 유지에 중요한 역할을 하고 철분, 인, 칼륨, 비타민 B군과 콜린, 비타민E 등이 함유되어 있다.

③ 연근

비타민 C가 레몬의 2/3에 이르는 연근은 암 예방에 탁월한 효과를 발휘하며, 기억력 감퇴와 치매 예방에 효과가 있다고 알려져 있다. 또한 강력한 소염작용으로 염증을 없애고 당뇨 · 위궤양 · 십이지장궤양 · 빈혈 치료에 효과가 있으며 생으로 갈아서 먹으면 갈증 해소 및 성장기 어린이에게 도움을 준다. 연근에는 무기질 · 비타민 C · 리놀레산(linolenic acid) · 식이섬유 등이 풍부해 뼈 생산과 소화 및 배설을 촉진시키고 피부건강을 유지하는 데 효과가 있다.

(9) 전통음식의 색채, 오방색

오방정색이라고도 하며, 황(黃) · 청(靑) · 백(白) · 적(赤) · 흑(黑)의 5가지 색을 말한다. 음과 양의 기운이 생겨나 하늘과 땅이 되고 다시 음양의 두 기운이 목(木) · 화

(火) · 토(土) · 금(金) · 수(水)의 오행을 생성하였다는 음양오행 사상을 기초로 한다. 오행에는 오색이 따르고 방위가 따르는데, 중앙과 사방을 기본으로 삼아 황(黃)은 중앙, 청(靑)은 동, 백(白)은 서, 적(赤)은 남, 흑(黑)은 북을 뜻한다.

① 청색

우리 민족에게 보편적인 색채로 우리는 오랜 기간 청색을 선호하고 애용해 왔다. 오행 가운데 목(木)에 해당하며 만물이 생성하는 봄의 색, 귀신을 물리치고 복을 비는 색으로 쓰였다. 또한 초목의 색채로서 성장과 풍성함을 의미한다.

② 적색

붉은 색은 전통적으로 국왕이 입던 홍포의 색으로 절대 권력을 상징한다. 또한 동짓날 팥죽을 먹으면 팥의 붉은색이 액막이가 된다고 여겼다. 오행 가운데 화(火)에 해당하며 생성과 창조, 정열과 애정, 적극성을 뜻하여 가장 강한 벽사의 빛깔로 쓰였다.

③ 황색

모든 색의 근원으로 숭상되었으며, 신성한 색이라는 상징성과 함께 시각적으로 사람들의 이목을 집중시킬 때 사용한다. 오행 가운데 토(土)에 해당하며 우주의 중심이라 하여 가장 고귀한 색으로 취급되어 지도자의 의상에 사용되었다.

④ 흑색

백색과 함께 음의 색으로 쓰였으며, 계절로는 겨울을 상징한다. 흑색은 다음(봄)을 준비하는 소생을 상징함과 동시에 만물의 흐름과 변화를 의미한다. 오행 가운데 수(水)에 해당하며 인간의 지혜를 관장하는 색으로 사용되었다.

⑤ 백색

우리 민족이 가장 많이 사용한 색채로서 예로부터 우리 민족은 흰 옷을 즐겨 입어 '백의민족'이라 불릴 정도였다. 또한 흑색과 함께 음에 해당하는 색으로 길례보다는 흉례에 사용하였다. 오행 가운데 금(金)에 해당하며 결백과 진실, 삶, 순결의 의미를 지녀 선호하는 의상색으로 주로 사용되었다.

오방색과 한국 음식

우리나라 조상들은 음식의 맛과 색상에서도 음양오행(陰陽五行)의 원리를 사용하였다. 미각에서는 맵고, 달고, 시고, 짜고, 쓴 오미(五味)를, 시각에서는 오색(五色)을 오행의 원리로 조화시켜 왔다.

한국의 전통음식 가운데 김치는 '백채'라고도 한다. 김치는 주재료가 배추의 백색에 배추 겉잎이나 파 등의 청색이 더해지고, 고춧가루의 적색, 배추 속잎과 생강, 마늘 같은 황색 계열의 색이 더해진다. 여기에 흑색은 젓갈, 양념류에 의해 더해져서 오색을 모두 포함하게 된다.

전통음식들은 맛에서도 맵고, 달고, 시고, 짜고, 쓴 오미를 갖추고 있는데, 유산 발효 식품들은 독특한 신맛을 지닌다. 여기에 고추 자체의 단맛, 매운맛, 소금의 짠맛, 여러 가지 채소들의 쓴맛이 어우러져 오행의 조화를 이루고 오묘한 맛을 형성하게 된다.

오색 고명

한국 음식에서 고명이란 음식의 모양과 빛깔을 보기 좋게 하고, 식욕을 돋우기 위하여 음식 위에 뿌리거나 얹는 것의 총칭으로 이들의 색상은 대략 다섯 가지로 분류된다.

청색 : 청고추, 파, 쑥갓, 미나리 등의 녹색 채소
백색 : 달걀 흰지단, 무, 배
황색 : 달걀 노른지단, 호두, 깨
적색 : 홍고추, 실고추, 대추, 당근
흑색 : 표고, 목이, 석이, 김, 검정깨

4.

플라워 아트

1. 플라워 디자인

디자인은 라틴(latin)어의 데시나레(designare)에서 나온 말로, 때(time)와 장소(place)와 경우 또는 목적(Occasion)에 따라서 생각한 것, 표현하고 싶은 것 등을 어떤 형태로 나타내는 생활 속의 조형종합예술을 말한다.

계절에 따라 개화(開花)하는 다양한 꽃들은 우리의 마음을 즐겁게 해주며 생활을 풍요롭게 해준다. 그러므로 디자인의 원칙과 기법에 따라 때와 장소와 목적에 맞추어 다양한 소재를 활용한 심미적 표현활동이 이루어지게 된다.

플라워 디자인의 활용범위는 복식 액세서리에서 상업공간의 장식과 의식, 이벤트 등 일상적인 것을 망라하여 다양하게 자리잡고 있다.

플라워 디자인은 문화의식의 다양화와 발전에 따라 앞으로도 널리 확대되고 발전해 나갈 것으로 전망된다.

꽃의 형태와 역할

폼(form) 플라워

아름답고 색이 화려한 꽃으로 라인 플라워와 폼 플라워의 구성만으로도 부족한 부분에 포인트를 주어 작품의 전체적인 디자인을 보완해 줄 수 있다. 크고 개성있는 꽃으로, 시선을 확실히 잡기 때문에 주로 작품의 시각상의 초점이 되게끔 꽂아준다. 이 꽃들은 한 장의 꽃잎만 없어도 그 꽃 자체의 형태가 망가진다.

어레인지먼트(arrangement)의 중심 부분을 이루며, 역동적인 느낌을 준다.

대표적인 꽃 : 칼라, 극락조화, 안스리움, 백합(나리), 아이리스, 카틀레아, 튤립, 양란(심비디움).

튤립

백합

심비디움

매스(mass) 플라워

작품의 외곽에서 작품의 초점(중심)을 향해 꽂아가는 구성에서 디자인의 양감을 표현하고 면을 만들어 주는 역할을 하는 꽃이다. 이 꽃들의 생김새를 보면 많은 꽃잎들이 하나의 덩어리가 되어 한 송이의 크고 둥근 꽃을 이루고 있는 것을 볼 수 있다.

작품 안에서 중앙 부분(초점)의 폼 플라워와 윤곽 부분의 라인 플라워 사이에 위치하는 꽃이다. 어레인지먼트의 중심을 이루며 전체적인 골격을 만들어 보는 이의 시선을 중심으로 이끈다. 또한 어레인지먼트의 흐름을 만든다.

대표적인 꽃 : 해바라기, 장미, 국화, 카네이션, 수국, 달리아, 작약.

수국

장미

해바라기

라인(line) 플라워

꽃의 줄기가 곧고 키가 크며 줄기에 작은 꽃들이 피는 종류이다. 이 꽃들은 기본적인 직선, 곡선 및 플라워 디자인의 외곽을 구성하고, 전체적인 작품의 형태를 잡는 데 사용된다. 아우트라인을 꾸며 어레인지먼트의 바깥선을 강조하고, 보는 사람의 시선을 중심으로 이끌고 간다.

대표적인 꽃 : 글라디올러스, 금어초, 스톡, 리아트리스, 부들.

글라디올러스

금어초

필러(filler) 플라워

꽃과 꽃 사이의 공간을 메우는 데 쓰이거나 연결하는 역할을 한다. 특히 입체감을 내는 데 중요하게 작용하므로 쓰는 방법을 충분히 잘 익혀야 하는 소재이다. 플라워 디자인에서 빼놓을 수 없는 중요한 소재로, 이 꽃을 어떻게 사용하느냐에 따라 작품이 더욱 돋보일 수 있다. 하나하나의 작은 꽃들이 한 가지나 여러 가지에 많이 붙어 있는 모양새를 가지고 있다. 라인 플라워나 매스 플라워의 조화를 돕고 전체적인 이미지를 부드럽게 한다. 어레인지먼트의 단점을 보완하며 전체에 볼륨을 내는 효과가 있다.

대표적인 꽃 : 안개꽃, 에리카, 패랭이꽃, 프리지어, 스타티스, 그 밖에 관엽식물인 네프롤레디스, 유칼리, 억새 등.

안개꽃

유칼리

패랭이꽃

2. 테이블 플라워 디자인

(1) 테이블 플라워의 의미와 역할

센터피스로 다양한 소재를 사용하지만 그 중 대표적인 것이 꽃을 이용한 장식물이다. 센터피스는 중세시대 때 테이블 세팅이 발달하기 시작하면서 식탁을 음식 외 꽃이나 식물 소재로 아름답게 꾸미고자 하는 문화를 발전시킴으로써, 오늘날에는 테이블 스타일링을 통해 시각 · 미각 · 후각 · 촉각 · 청각의 오감을 만족시켜 식사시간을 더욱 즐겁게 하고 사람들간의 원활한 커뮤니케이션을 이루고자 함이 목적이라고 할 수 있다.

오감 중에서도 대부분을 차지하는 것이 시각적 감각이라고 한다. 시각적 자극은 테이블 세팅의 전반적인 색감과 형태에서 영향을 받는데, 그 중 꽃으로 만든 센터피스가 가장 영향을 받는다고 할 수 있다. 꽃 센터피스는 테이블의 성격을 만들어 주는 하나의 요소이며 꽃이 가지고 있는 색과 소재, 모양이 달라 어떻게 디자인을 하느냐에 따라 다양한 연출을 할 수 있다.

그밖에도 플라워 테이블 세팅이 디자인으로써 상차림에서 가지는 역할은 다양하다. 우선 실내에서도 계절감을 느낄 수 있게 하고 플라워 디자인의 입체성으로 테이블 전체를 풍성하게 보이도록 한다.

그뿐만 아니라 사용된 꽃이 가진 의미나 상징성에 따라 테이블의 성격을 유추할 수 있을 뿐더러 살아 있는 식물을 보는 것은 사람에게 심리적 안정감을 주어 편안한 휴식에 도움을 준다.

(2) 테이블 플라워 디자인의 특성

테이블 스타일링을 구성하는 다른 요소들과 마찬가지로 테이블 플라워 디자인 역시 목적과 장소, 시간, 계절감 외에도 식사를 할 사람들의 연령과 취향 등을 고려해야 하며, 꽃을 선택할 때는 작품의 구성이나 목적에 따라 어떤 꽃이 필요한지를 미리 생각해 두어야 한다. 특히 꽃의 품질에 주의하여 꽃이 알맞게 피어 있고, 꽃송이가 탐스러우며 줄기와 잎이 싱싱한 것을 택하여야 한다.

● 플라워 디자인의 5가지 조건

① 심미성

플라워 디자인의 큰 목적인 아름다운 식탁을 위한 시각적 아름다움을 만족시킬 수 있어야 한다.

② 효율성

디자인 측면만 지나치게 강조되면 본연의 목적이 훼손되므로 실용성 · 효율성도 고려해야 한다.

③ 독창성

독창적이고 개성 있는 아이디어를 창출하여 테이블 세팅을 해야 한다.

④ 질서성

테이블을 꾸미는 여러 가지 조형적 요소와 디자인이 조화를 이루어야 한다.

⑤ 경제성

최소의 시간과 비용으로 최대의 효과를 얻을 수 있어야 한다.

(3) 테이블 플라워 디자인의 스타일

● 둥근형

화기 중심을 기본으로 줄기가 사방으로 뻗은 형태로 앞뒤 구분 없이 시각적으로 동일한 비중을 가지고 있어 장소에 구애받지 않고 다양한 장소에 놓아둘 수 있다. 둥근형은 단조로워질 수 있는데 사용하는 꽃과 확연한 대조를 보이는 잎 소재를 선택해 이를 피하도록 한다.

반구형

볼을 반으로 자른 것 같은 형태로 사방에서 볼 수 있게 디자인되어 있기 때문에 따로 포컬 포인트(focal point)를 가지고 있지 않다. 간결하고 실용적인 디자인으로 어느 장소에나 어울리지만 귀여운 느낌을 살리고자 할 때 특히 어울린다. 낮고 둥근 화기에 장미 · 국화 · 카네이션 · 튤립 · 안개 · 레이스 플라워 등 매스 플라워와 필러 플라워 종류를 사용하여 연출한다.

수평형

테이블 위의 표면과 수평을 이루도록 해 수평을 강조한 디자인으로 안정적이고 편안한 느낌을 준다. 대칭을 이루는 스타일로 부드러운 곡선을 표현하기 쉬운 라인 플라워를 주로 이용한다. 어느 방향에서 보아도 좋기 때문에 부드러운 분위기 연출이 필요한 곳이라면 어디에 두어도 좋다.

원뿔형/토피어리형

아래쪽은 둥글고 위로 갈수록 가늘어져 피라미드와 비슷한 형태가 된다. 컬러풀한 꽃을 빽빽하게 꽂고 과일이나 야채 등을 함께 이용하기도 한다. 주로 넓은 실내 장식용으로 많이 사용되는 형태로 테이블에서 사용할 경우는 낮고 둥근 화기에 꽂아 준다.

3. 플라워 연출

(1) 이미지별 플라워 연출

● 로맨틱한 스타일

전체적으로 원숙미, 고전미, 품위와 중후함이 느껴지는 연출법이다.

로맨틱한 스타일에 어울리는 플라워 소재로는 튤립, 수국, 히아신스, 라넌큘러스, 엽란 등을 사용하는 것이 좋다.

● 젠 스타일

서양의 모던함과 동양의 미니멀리즘이 결합된 새로운 스타일로, 동양의 모던함을 나타내는 연출법이다. 간결하고 인위적인 장식을 배제하며 난, 나무 등과 같이 자연적이지만 직선적인 소재를 이용하여 전체적으로 깔끔하게 표현한다. 젠 스타일에 어울리는 플라워 소재로는 용담초, 네프로네피스, 호엽란 등이 있다.

● 캐주얼 스타일

자유로움과 활동적인 명랑함, 발랄함이 돋보이는 연출법이다. 색은 비비드한 컬러나 선명한 색 등으로 컬러풀하게 표현할 수 있으며 주로 들꽃으로 표현을 하면 캐주얼한 느낌을 잘 나타낼 수 있다. 캐주얼 스타일에 어울리는 플라워 소재로는 팔손이, 덴파레, 소국, 국화 등을 사용하면 좋다.

● 신선하고 내추럴한 스타일

자연스러우며 편안함과 안정감이 묻어나는 연출법이다. 녹색이나 브라운 나무, 원목 컬러를 사용하여 자연친화적인 느낌이 들도록 연출한다. 내추럴한 스타일에 어울리는 플라워 소재로는 백합, 장미, 스마일락스, 미니 장미, 리시안셔스, 몬스테라 잎 등을 사용하는 것이 좋다.

● 가을 분위기 스타일

맑고 풍성한 결실의 느낌과 선명한 하늘, 잘 익은 열매의 느낌을 연출한다.

가을 분위기에 어울리는 플라워 소재로는 해바라기, 장미(밀바), 산호수, 안개초, 다래, 넝쿨, 호엽란, 수국, 히페리쿰 등이 있다.

크리스마스 스타일

12월 하면 떠오르는 크리스마스는 대부분의 기독교가 기념하는 최대 축일로서 예수의 탄생을 기리는 날이다. 크리스마스 하면 떠오르는 색은 빨강, 흰색, 녹색의 3가지 색상이 대표적이다. 크리스마스 분위기에 어울리는 플라워 소재로는 작약, 리시안셔스, 아네모네, 라넌큘러스, 용버들, 측백, 먼나무, 유칼립투스 등을 사용하면 좋다.

(2) 컬러별 플라워 연출

빨간색 계열

불, 위험, 경고, 애정, 분노 등의 의미를 내포하고 있으며, 자극적이고 사람의 감정을 고조시킨다. 정열과 흥분의 상징이고, 다이나믹한 힘을 상징하기도 한다.

- 정열적, 대담한, 난폭한, 열렬한, 부활절
- 초록과 보색이므로 사이사이 초록 잎으로 빨간색을 강조
- **종류** : 장미, 카네이션, 안스리움, 글라디올러스, 거베라, 달리아, 과꽃, 맨드라미, 알스트로메리아, 아마릴리스, 라넌큘러스, 튤립, 작약, 아나나스, 포인세티아 등

● 분홍색 계열

명도가 높아지면 고운 진달래 색이 되고 채도가 많이 낮아지면 아주 깊이 있고 위엄 있는 부유한 느낌의 색이 된다.

- 로맨틱한, 민감한, 신부 같은, 여성스러운, 상냥한, 부드러운, 축하
- 무난하게 어울리는 색상이므로 대조를 이용하여 강조
- **종류** : 장미, 카네이션, 리시안셔스 등

● 노란색 계열

햇살의 이미지, 명랑하고 따뜻한 느낌, 행복감, 즐거움 등의 긍정적 이미지와 가짜, 비싸지 않은 등의 부정적 이미지도 함께 갖고 있다. 강조의 색으로 표지판 등에 사용된다.

- 봄, 남성의, 동정심, 당당한, 따뜻한, 싱그러움, 명랑함, 왕실(동양), 신성함(불교), 비겁함과 편견(서양), 주목성, 유아
- 보라색과 보색 대비 시에 봄의 이미지 연출 가능
- **종류** : 장미, 국화, 수선화, 아킬레아, 튤립, 미모사, 아카시아, 달리아, 해바라기, 알스트로메리아, 칼라, 개나리, 프리지아, 나리, 여우머리, 거베라 등

● 주황색 계열

2차색으로서 인접해 있는 빨강과 노랑의 속성을 공유하면서 따뜻함과 맛있는 과일을 연상시키고 풍부한 자연의 이미지도 있다.

- 저녁놀, 즐거움, 긍정, 가벼움, 불꽃, 활기, 따뜻함
- 고급, 세련된 이미지와는 거리감이 있다. 보색으로 파랑 대비나 톤 다운 배색을 활용한다.
- **종류** : 극락조, 양귀비, 칼라, 꽈리, 호화, 국화, 까치밥, 거베라, 라넌큘러스, 나리, 달리아 등

● 파란색 계열

차가운 한색의 대표적인 색상. 고요하고 차분하여 신뢰를 주는 색상 이미지이다. 빨간색과는 반대로 호흡과 맥박이 낮아진다는 연구보고도 있다.

- 맑음, 차가움, 이지적, 세련, 식욕 저하, 공간감
- 심플하면서도 시원한 느낌을 주거나 연하게 색상을 조절하여 부드러운 이미지를 연출
- **종류** : 델리늄, 아이리스, 히아신스, 수국, 옥시페탈룸, 용담 등

● 보라색 계열

정열적인 빨강과 침착한 파랑의 혼합색으로. 우아함, 화려함, 고상함과 함께 외로움, 슬픔 등의 복합적인 성격이 있다. 예민하고 감수성이 높으며 예술적 감각을 나타내기도 한다.

- 복합적, 신비로움, 모던함, 고전적, 우아함, 환상적, 화려한, 격조
- 톤에 따라 모던한 이미지부터 우아한 이미지까지 가능. 채도가 높은 보라는 화려, 옅은 보라는 우아함
- **종류** : 팬지, 스토크, 아이리스, 니겔라, 리시안셔스, 아네모네, 락스퍼, 튤립

초록색 계열

자연의 색. 파란색의 조용한 이미지와 노란색의 희망의 에너지 속성을 갖는 중성적 색이다. 침착하고 안정된 색채로 불편한 심신의 치료 효과를 기대할 수 있는 색채이며, 성장 · 번영 등을 의미한다.

- 안정감, 자연, 생명력, 상쾌함, 봄, 소생, 친근함
- 플라워에 사용되는 꽃과 소재에 항상 들어가는 색. 배색에 있어 거의 모든 경우에 조화롭게 사용한다.
- 종류 : 엉겅퀴, 샤므록, 모루셀라, 불구화, 퍼프리움 등

● 흰색 계열

순수함, 깨끗함 등의 이미지이고, 가볍고 투명함을 느끼는 이미지이나, 지나치면 공허함, 지루함 등을 나타내기도 한다.

- 편안함, 감각적, 우아함, 정숙, 청결, 청순, 순결, 부드러움, 연약함
- 다른 색을 강조하거나 돋보이게 보조 배경색으로 활용
- **종류** : 칼라, 백합, 국화, 장미 등

(3) Flower for the Table

- **모닝 테이블** : 너무 화려하게 장식하지 말고 작은 꽃으로 아담하게 꾸밈없이 디자인한다.
- **에프터눈 테이블** : 밝고 경쾌한 주변과 의복에 어울리게 꽃을 꽂고 옅은색의 배합으로 고상하게 장식한다.
- **가든 테이블** : 편안한 마음으로 뜰의 작은 꽃을 모아 꽂으면 친숙해지기 쉽다.

4. 오너먼트

(1) 오너먼트의 의미

오너먼트(ornament)란 사전적 의미로 '장식품', '장식'이란 뜻이다. 장식의 역사는 인간의 역사와 함께 시작하여 오늘날까지 부적이나 권력의 상징이기도 하다.

테이블이나 공간을 꾸미는 장식품인 오너먼트는 형태나 소재에 제한을 두지 않는다. 전체적인 분위기, 색상, 메뉴 등 콘셉트와 잘 어우러져야 하며 창의적인 공간을 연출할 수 있도록 소재와 디자인에 있어 다양한 응용과 시도를 해보는 것이 좋다.

(2) 계절별 오너먼트

봄 : 결혼식, 발렌타인데이, 화이트데이, 로즈데이 등
여름 : 돌잔치, 생일 파티 등
가을 : 할로윈데이, 추수감사절 등
겨울 : 크리스마스 등

(3) 1년 아이디어 오너먼트 시즌

1 월 14일 : 다이어리데이
2 월 14일 : 밸런타인데이
3 월 14일 : 화이트데이
4 월 14일 : 블랙데이
5 월 14일 : 로즈데이
6 월 14일 : 키스데이
7 월 14일 : 실버데이
8 월 14일 : 그린데이&뮤직데이
9 월 14일 : 포토데이
10월 14일 : 와인데이
11 월 14일 : 오렌지데이&무비데이
12월 14일 : 허그데이&머니데이

(4) 아이디어 오너먼트의 조건

① 오너먼트를 만들기에 있어서 우선적으로 식공간 연출의 센터피스(center piece)의 개념으로서 아름다움을 잊어선 안 된다.

② 아이디어 오너먼트를 만들다 보면 디자인 측면만 지나치게 강조되어 콘셉트가 훼손되므로 실용성 및 효율성까지 고려해서 만들어야 한다.

③ 현존하는 오너먼트를 만들 때도 있지만 현존하고 있지 않은 오너먼트를 만들 때도 있을 것이다. 오너먼트는 테이블의 이야기 주제가 되므로 독창적이고 개성 있는 아이디어를 창출해서 만들어 내야 한다.

④ 테이블을 꾸미는 여러 가지 요소들 사이의 오너먼트와 테이블의 주제 간에 조화를 이루어야 한다.

⑤ 최소의 시간과 최소의 비용으로 최대의 효과를 얻을 수 있어야 한다.

Part 3
푸드 코디네이터 실무

1. 사진학

1. 사진의 이해

사진촬영은 푸드 스타일리스트의 업무 영역이 아니라 사진작가(photographer)의 고유 영역이다. 그러나 푸드 스타일링 작품 연출 시에 사진 기술로 스타일링된 작품의 완성도를 더욱 승화시킬 수 있기 때문에 푸드 스타일리스트는 항상 사진작가와 원활한 의사소통이 이루어져야 한다. 그러기 위해 푸드 스타일리스트는 사진과 조명에 대한 기본 지식을 갖추어야 한다.

(1) 사진의 어원

photography라는 용어는 그리스어의 "빛"이라는 phos와 "그린다"는 grapos의 합성어로 "빛으로 그린다"는 뜻이며, 우리나라에서의 사진이라는 용어는 일본에서 들여와 사용하고 있는데 사물을 "베낀다", "박아낸다", "찍어낸다"는 의미가 내재되어 사물을 정확하게 재현(再現)한다는 의미를 가지고 있다.

(2) 사진의 특성

사진의 특성은 사진가의 의식과 이어지는 내적 특성(의미적 특성)과 외적 특성(기계적 특성)으로 나눌 수 있는데 내적 특성에는 사진의 의미를 결정지어 주는 요소로 '현실을 잘라내어' 고정시키는 것이라고 하는 사진의 특성에 따라 현실성 · 우연성 · 고립성 등이 있으며, 외적 특성은 영상형성 과정에서 생기는 기계적인 특성으로 복사성과 자동성이 있다.

2. 카메라

(1) 카메라의 기능

사진이란 필름이라는 감광유제에 일정한 양의 빛을 전달해 줌으로써 시작된다. 빛의 양을 조절해 주는 두 가지, 즉 셔터와 조리개, 그리고 렌즈의 초점량을 통해 정확한 상이 필름으로 전달된다. 그러한 과정을 확인할 수 있는 파인더와 촬영된 필름을 이송시켜 주는 전송장치 등이 카메라의 주요장치이다.

① **초점 조절** : 피사체에 렌즈의 초점을 정확히 맞추어 선명한 화상을 나타내기 위한 장치

② **셔터** : 렌즈를 통하여 들어오는 피사체의 상을 필름면에 작용시키기 위해 빛의 양을 시간적으로 조절하여 움직이는 피사체의 선명도를 조절

③ **조리개** : 조리개 구멍 크기에 따라 빛의 양을 조절하며, 초점이 맞아 보이는 범위를 조절

④ **파인더** : 필름면에 찍혀질 피사체의 범위를 나타내며, 초점 조절, 원근감을 확인

(2) 카메라의 종류

① DSLR 카메라(디지털 일안 반사식 카메라)

하나의 눈으로 보는 카메라라는 뜻으로 하나의 렌즈 통로에 상을 맺는 일과 상을 보는 일 두 가지를 모두 한다는 의미의 일안 반사식 카메라를 말하며, 또한 렌즈 교환이 되는 대표적인 카메라이다. 무게는 바디만 0.5~1kg으로 고급형일수록 무겁고 렌즈의 무게는 보통 표준 렌즈가 300~600g이다.

콤펙트 디카보다 화질이 우수하고 노이즈 억제력이 뛰어나며 조리개와 셔터 속도 등의 수동기능 조작 폭이 커서 전문가용 카메라이다. 니콘, 캐논, 소닉, 삼성 등 여러 가지 제품이 있다.

② SLR 카메라(일안 반사식 카메라)

DSLR의 전신 센서 대신 필름을 사용하기 때문에 디카처럼 바로 결과물을 확인할 수 없고 인화의 과정을 거쳐야 결과물을 확인할 수 있는 것이 단점이지만 필름 고유의 색감이 매력적인 것이 장점이다. DSLR보다는 가볍지만 렌즈 무게는 거의 같다.

③ 콤팩트 디카 및 하이엔드

가장 보편적으로 사용되는 일명 똑딱이 디카로, 렌즈의 크기, 수동기능 탑재, 줌 배율의 우수 기능에 따라 하이엔드 카메라로 분류하며 그 외 기능은 거의 비슷하다.

DSLR에 비해 단순한 구조로 전문가용 카메라보다는 화질, 수동기능, 조작 등에서 많이 기능이 떨어지지만 휴대가 편하고 가격이 저렴하다는 장점이 있다. 대부분의 일반 디카의 무게는 100~200g 정도이며 하이엔드 디카는 300~500g 정도이다.

④ 하이브리드 디카(미러리스 카메라)

하이브리드는 잡종이라는 뜻으로 미러리스라고도 불리는데, 그 이유는 DSLR 구조에서 미러를 제거하고 렌즈를 통해 바로 CCD센서에 화상이 맺히게 하여 크기를 줄인 카메라이기 때문이다.

CCD만은 DSLR과 동급인 센서를 사용하여 화질이 우수하며 수동기능 역시 DSLR처럼 폭넓은 조정이 가능하다. DSLR과 콤팩트 디카를 섞어 놓은 퓨전 카메라이다.

⑤ 폴라로이드 카메라

카메라 내에 현 약품이 터지면서 즉석 현상되는 원리로 제작된 카메라로 폴라로이드의 이름은 즉성 카메라를 만든 회사의 이름이며 폴라로이드 회사 자체에서는 제품 생산을 중단하였다. 밝은 대낮에, 흔들리지 않는 상태에서만 촬영이 가능하다.

⑥ 레인지 파인더 카메라(거리계 연동 카메라)

거리계를 카메라 몸통에 설치하고 이 거리계와 렌즈의 초점장치를 연동시킨 것으로 파인더 상에서 피사체의 이중상이 하나로 겹쳐지면 초점이 맞게 설계되어 있는 카메라이다.

(3) 사진촬영 시 유의사항

① 자동 카메라는 파인더(Finder)에 보이는 대로 찍히지 않는다.
② 피사체에서 적당히 떨어져서 촬영한다.
③ 셔터를 반쯤 눌렀다가 1초 후에 완전히 누른다.
④ 역광으로 촬영할 때는 반사판이나 플래시를 사용하면 좋다.
⑤ 촬영 시 불필요한 요소가 찍히지는 않는지를 확인한다.
⑥ 중앙을 피하여 시선 쪽에 여유를 둔다(황금분할은 5:3이 적당하다).
⑦ 카메라를 고정시킨 안정된 자세로 찍는다.

(4) 구도의 요소

① 변화

단조롭지 않게 하는 요소이며 화면이 2등분으로 나누어진다든지 같은 형으로 반복될 때 그 구도에는 변화가 없어진다. 그러나 지나친 변화는 혼란을 가져온다.

② 균형

좌우의 형, 상하의 형, 또는 면이 같으면 완전한 균형을 이룰 수 있으나 이것은 너무 변화가 없고 딱딱한 느낌을 준다. 변화가 있으면서 어느 한쪽으로 기울지 않는 조화 속에 균형으로서의 가치가 나타난다.

③ 통일

산만하지 않게 하는 요소이며 공간에 있어 중심체가 되는 것으로 혼란, 또는 단순을 막는 데 통일성이 있어야 하고 이를 돕는 요소가 있어야 한다.

④ 율동

음악적 요소로서 형이나 색이 반복되는 경우에 생기고, 화면이 생명감과 흥미를 갖게 된다.

⑤ 원근

평면에 나열된 형체이지만 선의 방향을 집중시킨다든지 색의 강약, 형의 대소, 손의 방향 등으로 표현된다.

(5) 구도의 기본형

① 삼각형 구도

피라미드형 구도라고도 하며 인물 좌우상이나 정물인 경우에 안정감, 통일감, 확고부동한 느낌을 준다.

② 대각선 구도

통일감, 집중감을 준다. 원근감, 거리감을 나타낼 때 사용한다.

③ 수직선 구도

숲 속 풍경이나 고층 건물 등을 찍을 때 적당하며 엄숙함, 숭고함, 상승감, 성장감을 준다.

④ 사선 구도

활동적이고 진취적인 장면을 표현하는데 적합하며 속도감, 방향감, 운동감, 불안감을 준다.

⑤ 수평선 구도

넓은 바다, 들판을 찍을 때 적합하며 넓음, 안정감, 정숙함, 확대감을 준다.

⑥ 역삼각형 구도

깊숙하고 넓은 장면 표현에 적합하며 율동감, 깊어가는 느낌을 준다.

⑦ 호선 구도

도로, 해안선 등을 표현할 때처럼 강한 원근감을 나타낼 때 쓰이며 크게 움직이는 느낌을 준다.

⑧ S형 구도

불안정, 상승감, 펼친 느낌을 주지만 통일감을 잃기 쉽다.

⑨ 마름모형 구도

위에서 밑을 찍을 때 쓰이며 통일감, 균형 잡힌 변화와 안정감을 준다.

⑩ 원형 구도

인물 두상이나 여러 사람, 즉 군상(群像)을 찍을 때 좋으며 만족감과 원만한 느낌을 준다.

⑪ 터널 구도

굴이나 터널 안에서 찍는 구도로 터널 밖을 강조할 때 좋다.

3. 푸드 포토

푸드 포토의 목적은 기본적으로 사람들에게서 먹고 싶다는 욕구를 불러일으키는 것이다. 음식을 먹음직스럽게 보이도록 촬영하기 위해서는 여러 가지 촬영방법을 사용하는데 크게 두 가지로 생각해 볼 수 있다.

하나는 판매를 목적으로 할 음식을 완벽한 세팅을 통해 촬영해서 소비자의 욕구를 자극하는 방법이고, 또 다른 방법은 요리책이나 잡지처럼 독자 스스로가 준비하고 만들 수 있을 것 같은 편안한 느낌의 사진이다. 그렇다고 별다른 테크닉 없이 쉽게 촬영이 이루어지는 것은 절대 아니다. 이러한 두 방법 외에 다양한 방법의 음식 사진들이 있겠지만, 공통점은 질감의 표현을 매우 중요하게 생각한다는 것이다.

효과적인 음식 사진을 찍기 위해서 고려할 사항을 보면 대상 결정(음식 재료, 요리), 화이트 밸런스(색온도 조절), 촬영 앵글, 소품 및 배경의 적합성, 촬영 시에 사용할 렌즈와 조명의 선택 등을 들 수 있다.

광고촬영이든 잡지촬영이든 기획의도와 타깃 등에 따라 촬영 콘셉트가 정해지므로 스타일리스트와 포토그래퍼의 완벽한 커뮤니케이션으로 이루어져야 하는 공동작업인 것이다.

(1) 촬영의 대상 결정

촬영의 대상 결정이 중요하다. 이는 요리를 찍느냐 아니면 재료를 찍느냐는 것의 결정을 말하는 것이다. 촬영에 앞서서 대상의 결정은 촬영자가 대상에 대한 구성 및 느낌을 만드는 데에 많은 영향을 미치기 때문에 가장 선행되어야 하는 조건이다.

① 누끼

배경 이미지로부터 원하는 개체만을 선택하는 작업을 말한다.

② 도비라

표지 사진이나 이미지 컷인 속표지를 말하며, 주로 새로운 내용이 전개되는 부분에 사용한다.

③ 박스 컷

제품과 배경, 즉 찍은 필름 그대로 사용하는 것을 말한다.

④ 과정 컷

어느 현상이 그 변화 속에서 규칙적으로 서로 다른 상태로 움직여 가는 것을 가리키는데 흔히 요리책에서 많이 사용된다.

〈물만두 과정컷〉

쫀득하면서 부드러운

물만두

돼지고기와 부추가 어우러진 소가 일품이에요. 간식으로는 물론 한 끼 식사로도 손색이 없지요. 입맛에 따라 소 재료를 바꿔도 좋아요.

1 밀가루를 반죽해 비닐에 싸 둔다.

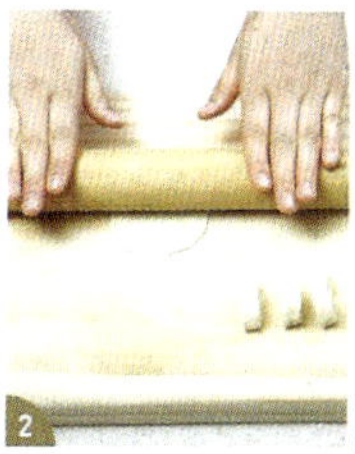

2 반죽을 밀어 만두피를 만든다.

3 부추와 생강을 준비한다.

tip 초간장을 맛있게 만들려면…

간장, 식초, 설탕만 섞은 초간장이 진하게 느껴지면 다시마국물이나 생수를 간장과 같은 양으로 섞어 보세요. 맛이 훨씬 순해져요. 여기에 풋고추를 송송 썰어 넣거나 양파를 조금 다져 넣으면 풍미가 더 좋아진답니다.

재료

만두피	
밀가루	2컵
소금	1작은술
뜨거운 물	6큰술
만두소	
다진 돼지고기	200g
부추	½단
생강	2톨
간장 · 물	2큰술씩
참기름	조금
소금 · 후춧가루	조금씩
초간장	
간장	1큰술
설탕	½작은술
식초	1작은술
통깨	조금

4 만두소를 만든다.

5 삼각형의 만두를 빚는다.

6 끓는 물에 만두를 삶는다.

1 **밀가루 반죽하기** 밀가루를 체에 내려 뜨거운 물과 소금을 넣고 치대어 반죽한다. 비닐에 싸서 30분 정도 두어 끈기가 생기게 한다.

2 **만두피 만들기** 도마 위에 밀가루를 뿌리고 ①의 반죽을 올려 얇게 민 뒤 사방 5cm 크기로 네모나게 자른다.

3 **부추 · 생강 준비하기** 부추는 잘게 썰고 생강은 다진다.

4 **만두소 만들기** 돼지고기에 다진 생강, 간장, 물을 넣어 부드럽게 반죽한 뒤 부추, 소금, 후춧가루, 참기름을 넣어 골고루 섞는다.

5 **만두 빚기** 만두피에 만두소를 1큰술 정도 올리고 대각선으로 접은 뒤 가장자리를 눌러 붙인다.

6 **만두 삶기** 끓는 물에 만두를 넣어 삶는다. 만두가 떠오르면 건져 그릇에 담는다.

7 **초간장 곁들이기** 초간장을 만들어 물만두에 곁들인다.

⑤ 히라끼

요리가 펼쳐진 두 페이지에 걸쳐서 소개되어 연결된 그림으로 스프레드라고도 한다.

⑥ 레이아웃

촬영 시 글씨나 기호, 그림, 사진 등의 각 구성요소를 제한된 사진 안에 효과적으로 배열하는 것을 말한다. 광고나 잡지에서 많이 사용된다.

⑦ 간지

'느낌'의 의미를 지닌 일본어에서 비롯된 말로써 느낌 혹은 효과를 말한다. 간지의 간은 '사이 간(間)'을 의미할 뿐만 아니라 푸드 스타일리스트 사이에서는 좋은 느낌의 이미지를 지칭하기도 한다.

(2) 라이팅 (Lighting)

● 색온도

사진을 촬영하였을 때 나타나는 색상은 아침, 점심, 저녁 때의 빛이 다르므로, 이때 나타나는 색상들도 제각기 조금씩 다르다. 이러한 색상들을 정리할 필요성에 따라 나온 개념이 색온도 개념이다.

가장 완벽하고 이상적인 금속인 흑체를 불에 태울 때, 초기에는 붉은색이 나오다가 어느 단계에 이르면 거의 백색에 이르게 되고 더욱 가열되면 새파랗게 변하게 된다. 용접하는 불꽃을 본 적이 있다면 쉽게 이해될 것이다. 따라서 색도 이러한 온도의 개념으로 보아 절대온도 개념에 대입한 것이 색온도이며 K(캘빈온도)로 표시한다.

● 화이트 밸런스

우리가 사용하는 디지털 카메라에는 화이트 밸런스란 기능이 있다. 필름을 사용한 촬영이라면 광원의 성질에 따라 필름 종류와 다양한 필름의 조합이 필수 불가결한 사항이었지만 디지털 카메라는 이런 번거로운 상황을 단번에 제어할 수 있는 훌륭한 기능을 제공하고 있다.

화이트 밸런스는 색온도에서 주는 여러 가지 느낌을 효과적으로 제어할 수 있기 때문에 패밀리 레스토랑과 같은 텅스텐 조명에서부터 집에서 사용하는 형광등, 야외 햇볕 아래에서 촬영할 경우에도 음식의 색상을 효과적으로 표현할 수 있게 한다.

색상은 보는 이에게 식욕을 불러 일으키기도, 감퇴시키기도 하기 때문에 촬영 시에 간과해서는 안 되는 중요한 요소이다. 화이트 밸런스란 조명에 의해 흰색으로 왜곡된 색상을 맞추어 주는 것을 말한다. 디지털 카메라는 우리의 눈과 달리 백열등 밑에서는 붉게, 형광등 밑에서는 푸르게 촬영한다.

이때 원래 색상으로 보정해주는 것을 화이트 밸런스라고 한다. 화이트 밸런스는 왜곡된 색상을 바로잡아 주기도 하지만 색상의 왜곡을 강조해서 촬영할 때도 사용한다.

일반적인 디지털 카메라는 5~6개 정도의 화이트 밸런스 모드를 지원한다.

일반적인 화이트 밸런스 모드는 다음과 같다.

① Auto(자동) 모드

카메라가 자동으로 촬영될 색상을 감지해서 보정한다. 카메라가 임의로 화이트 밸런스 모드를 설정하므로 색상의 보정이 잘못될 수 있다. 맑은 날 외부에서는 괜찮지만 조명 아래서는 문제가 될 수 있다. 화이트 밸런스를 임의로 조정하지 못한다면 auto mode로 설정한다.

② 일광 모드

대낮 태양빛 아래에서 촬영할 때 사용한다. 태양빛 아래에서는 기본적으로 흰색 톤으로 촬영되므로 색이 왜곡되지 않는다.

③ 백열등 모드

백열등 불빛에서 촬영할 때 사용한다. 백열등 불빛에서 촬영하면 사진이 주황색 톤으로 촬영되는데 이를 청록색 톤으로 보정한다.

④ 형광등 모드

형광등 불빛에서 촬영할 때 사용한다. 푸른색 톤으로 촬영되는 것을 주황색 톤으로 보정한다.

⑤ 수동 프리셋

촬영 전 화이트 밸런스를 맞추어 촬영할 때 사용한다. 카메라가 현재의 조명 상태를 확인하고 화이트 밸런스를 자동으로 맞춘다.

(3) 촬영 앵글

음식 사진은 음식이 놓인 테이블의 의자에 앉아서 보는 높이와 각도가 제일 편안한 느낌을 준다. 이 앵글을 벗어나고자 할 때는 표현하고자 하는 이유가 분명할 때이다. 예를 들어 접시 바닥에 깔린 듯한 수프는 위에서 아래로 내려보는 앵글로, 한껏 쌓아 올린 샐러드는 음식과 같은 높이에서 바라보는 앵글로 찍어야 특징이 살아나기 때문에 촬영시 촬영 앵글에 대한 고려가 필수적이다.

① 하이 앵글(High Angle)

하이 앵글은 높은 곳에서 아래로 내려다보며 촬영하는 것을 말한다. 높은 곳에서 넓은 지역을 촬영하거나 평면적인 사진을 얻을 때 활용할 수 있다. 또한 광각 렌즈를 이용하면 얼굴은 크고 몸은 작은 재미있는 인물 사진도 촬영할 수 있다. 다만, 인물촬영에서는 위에서 아래로 촬영할 때 키가 작아 보일 수 있는 점을 주의해 촬영한다.

② 로 앵글(Low Angle)

로 앵글은 낮은 곳에서 위를 올려다보며 촬영하는 것을 말한다. 늘 일정하게 같은 각도에서 촬영하는 것보다 대담하게 로 앵글을 이용해 촬영하는 것도 좋다. 단순하고 평범하던 피사체의 모습도 상당히 달라 보일 수 있다.

③ 아이 앵글(Eye Angle)

아이 앵글은 피사체를 눈높이에서 수평으로 보고 촬영하는 것을 말하며 피사체를 눈높이에서 촬영한다고 해서 수평 앵글(horizon angle)이라고도 한다.

우리가 흔히 일상에서 촬영하는 카메라의 앵글이 아이 앵글로 실물의 변형이 최소화되어 풍경사진을 촬영할 때 사용하는 안정감 있는 촬영 각도이다. 하지만 실물의 변형이 적은 만큼 사진이 평범하고 극적인 효과를 얻기 어렵다. 음식을 촬영할 때 가장 많이 사용된다.

④ 비일상적인 앵글(Unordinary Angle)

위 각도 외에 촬영자가 선택하는 여러 가지 각도에서 촬영할 수 있다.

(4) 조명

지속 조명은 매우 뜨겁기 때문에 채소류는 시들고, 음식은 마르고, 아이스크림은 녹는 등 많은 문제점을 야기한다. 하지만 지속 조명(텅스텐 조명같은 지속광)은 촬영을 늘 진행할 수 있다는 점에서 효율적이다. 촬영은 다양한 대상, 장소에 영향을 받을 수 있으므로 사진의 대상에 따라 조명의 선택 또한 세심하게 고려해야 한다.

먼저 자신이 있는 환경에서의 광원의 방향과 성격에 대한 정확한 분석이 필요하다. 그리고 촬영 시 작은 거울이나 반사를 일으킬 수 있는 반사판을 사용하는 것이 보다 효과적인 음식사진을 만드는 지름길이라 할 수 있다.

같은 피사체일지라도 광선의 선택에 따라 다양한 사진을 연출할 수 있기 때문에 촬영 상황에 따라 적절한 광선을 선택해야 하며, 이러한 작업을 바로 조명 연출이라 부른다.

① 순광(Front Lighting)

피사체에 정면으로 비치는 광선을 말하는데, 그림자가 별로 나타나지 않아 피사체의 양감을 평면화시키고 질감을 감소시킨다.

② 측광(Side Lighting)

피사체 측면에서 비치는 광선으로 피사체에 그림자가 생겨 양감, 질감이 나타나서 3차원의 형상을 만들게 된다.

③ 역광(Back Lighting)

피사체의 뒤에서 비치는 광선으로 피사체가 실루엣으로 나타나게 되며 정상적인 노출을 위해서는 노출 보정이 필요하다. 음식이 얇거나 반투명일 경우, 또 음료 촬영 시에 역광을 자주 이용한다. 이때는 거울이나 은박지, 반사판을 이용하여 촬영한다.

④ 정상부 광선(Top Lighting)

맑은 날 피사체의 상부에서 비치는 빛을 말하는데, 인물인 경우 머리카락의 질감을 살릴 수는 있지만 눈 밑이나 코 밑에 그림자가 많이 생긴다.

⑤ 직사광(Direct Lighting)

플래시 등을 이용한 방법으로 한 번에 조명을 주게 되므로 가장자리에 선명하고 어두운 그림자가 생긴다.

⑥ 직사 확산광(Directional Diffused Light)

조명을 우산이나 소프트 박스, 프레팔지 등에 한번 거쳐서 이용하여, 명확하지만 가장자리가 부드러운 그림자가 생기도록 연출하는 경우이다.

⑦ 확산광(Diffused Light)

광원으로부터 분산되어 피사체 위에 확산되는 빛을 말하는데 태양광선인 경우는 구름이 덮여 있어 빛이 확산될 때를 말하며, 실내조명인 경우는 반사판이나 막을 쳐서 빛을 확산시킬 수 있다. 여러 번에 걸쳐서 조명을 주게 되므로 거의 그림자가 생기지 않고 자연스럽다.

⑧ 실루엣(Silhouette)

밝은 배경에 어두운 피사체의 윤곽선만 보인다.

⑨ 글로잉 라이트(Glowing light)

피사체에서 쏟아져 나오는 듯한 조명을 말한다.

⑩ 보조광(Fill Light)

직사광선의 단점을 보완하기 위해 여러 개의 인공광이나 반사판 등을 이용해서 생기는 광선을 의미한다.

(5) 디지털 줌과 광학 줌

줌 기능은 줌 렌즈의 비율 내에서 초점 거리를 변화시키는 것으로, 렌즈의 줌 비율 안에서 광각부터 망원까지 화각의 변화를 줄 수 있다. 예를 들어 7~21mm로 표시되어 있다면 광학 3배줌 렌즈, 7~35mm로 표시되어 있다면 광학 5배줌 렌즈이다.

① 광학 줌(Optical Zoom)

광학을 이용한 줌 기능으로 렌즈를 통해 영상을 확대 · 축소하는 방식이다. CCD에 들어오는 영상 자체를 렌즈가 확대해서 받는 것이므로 확대해도 화질의 저하 없이 원하는 대상을 크게 촬영할 수 있다.

② 디지털 줌(Digital zoom)

프로그램을 통해 이미지를 확대한 후 영상을 처리하는 방식으로 렌즈는 고정된 상태에서 CCD에 맺힌 영상만을 확대시켜 보여 준다. 디지털 줌을 이용하는 것은 포토샵과 같은 그래픽 프로그램에서 그림의 크기를 강제로 늘려 주는 것과 같은 효과로 해상도가 높은 깨끗한 이미지를 원할 경우에는 사용하지 않는 것이 좋다.

(6) 톤(Tone)과 콘트라스트(Contrast)

밝은 곳과 어두운 곳을 표현하는 방법이다. 밝고 어두운 정도의 차이를 말하는 것으로, 콘트라스트가 크다는 것은 밝고 어두운 부위의 차가 크다는 것을 의미한다. 플랫(flat)하다는 것은 평평해 보인다는 것을 말한다.

① 하이 키(High Key)

전체적으로 밝은 톤으로 그림자가 생기지 않도록 연결한 것이다.

② 로 키(Low Key)

전체적으로 어두운 톤으로 화면의 밝기를 조절하여 분위기를 형성한다.

③ 풀 스케일(Full Scale)

무채색의 다양한 톤으로 검정에서 백색에 이르는 범위를 모두 포괄하여 촬영하는 것이다.

④ 하이 콘트라스트(High Contrast)

중간 회색이 적고 부분적으로 매우 어둡거나 밝은 톤으로 표현하여 한 장면 내에서 밝고 어두운 부분을 극명하게 나타내고자 할 때 사용된다.

⑤ 로 콘트라스트(Low Contrast)

전체적으로 중간 회색 톤으로 뚜렷한 장면의 대비보다는 섬세한 장면연출에 사용된다.

(7) 초점과 피사계 심도

피사계 전후의 초점이 맞은 정도를 피사계 심도라고 한다. 피사계 전후의 초점이 잘 맞는 것을 피사계 심도가 깊다고 하고 피사계 전후의 초점이 흐려지는 것을 피사계 심도가 얕다고 한다. 피사계 심도를 결정하는 것은 렌즈의 초점 거리, 촬영 거리, 조리개의 조임 상태이다. 피사계 심도는 앞쪽이 얇고 뒤쪽이 깊은 것이 특징이므로 초점은 앞쪽에 맞추는 것이 요령이다.

① 스폿(Spot) 초점

일부분만 선명하게 보이도록 촬영하는 것이다.

② 얕은 피사계 심도

선명히 보이는 거리가 짧은 것으로 근거리에 초점을 둔 것이다.

③ 깊은 피사계 심도

선명히 보이는 가까운 곳에서 먼 곳까지의 거리가 긴 것으로 전체적으로 모든 장면이 선명하게 보이는 것이다.

④ 아웃 포커스(Out Focus)

심도가 얕다는 것으로 먼 부분의 초점이 흐려지는 상태를 말한다. 이미지 컷에 사용하는 경우가 많으며, 멋있고 부드럽게 보인다. 멀리 있는 배경에는 초점이 맞지 않고, 피사체에만 초점을 맞추어 심도를 얕게 촬영하는데 사진 전체에 초점을 맞춘 것보다 피사체의 모습이 부각되어 인물사진에도 많이 이용된다.

⑤ 인 포커스(In Focus)

아웃포커스가 먼 부분을 선명하지 않게 촬영하는 것이라면 인포커스는 이와는 반대로 앞쪽이 흐려지도록 하여 먼 부분이 또렷하도록 표현하는 것이다.

⑥ 팬 포커스(Pan Focus)

심도가 깊다는 것으로 전체가 다 또렷하게 나오는 상태이며, 정보용이나 누끼용으로 사용한다. 먼 곳이나 사진 전체에 초점을 맞추어 심도를 깊게 촬영한다.

⑦ 헐레이션(Halation, 반사)

헐레이션 현상은 촬영 시 빛이 반사되어 돌아오는 것이 아니라 렌즈 방향으로 직접 통과하여 반사를 일으키는 현상으로 사진이 전체적으로나 부분적으로 뿌옇게 나오는 것을 말한다. 이 경우는 카메라가 빛을 등지고 찍는 순광에서는 잘 나타나지 않지만 피사체가 빛을 등지고 카메라가 정면에 빛을 두었을 때는 흔히 나타날 수 있다.

이런 경우 촬영각도를 약간 틀어 빛의 방향을 피해 찍거나 렌즈 후드를 사용함으로써 웬만큼 보호받을 수 있다. 국물은 헐레이션을 피하고 고기의 소스는 헐레이션을 이용하는 것이 좋다.

(8) 소품 및 배경

보통 음식사진을 찍을 때는 푸드 스타일리스트와 사진작가의 커뮤니케이션을 통해서 하나의 이미지가 만들어지는데, 음식에 어울리는 소품과 배경을 고려해서 촬영을 해야 한다. 예를 들어 한식 요리를 촬영하는데 포크나 나이프가 등장한다면 그 사진은 소재의 부적절성 때문에 보는 이로 하여금 어색함을 느끼게 하므로 소재와 배경의 선택은 매우 중요한 사안이다.

(9) 베다

일본어로 배경(전면, べた)을 의미하며, 푸드 스타일링 시에 음식의 배경으로 사용하는 천, 종이, 나무, 한지, 유리 등 주변에 있는 아이디어적인 소재들을 의미한다.

① 종이류

② 나무, 돌 등

③ 패브릭

피륙을 총칭하는 말이며, 단순히 직물을 가리키기도 하지만 섬유제품(직물, 편물, 부직포 등) 전반을 의미하는 편이다.

2.

촬영 스타일링

푸드 코디네이터의 활동 영역은 앞서 알아본 바와 같이 매우 다양하고 광범위하다. 그 중 사회적으로 영향력이 큰 미디어에서의 활동은 전반적인 푸드 비즈니스의 활동 영역에서 큰 비중을 차지한다고 볼 수 있다.

잡지 및 서적과 광고 제작 · 촬영 및 푸드라이터로서의 지식과 정보 제공 등이 이에 속한다. 이러한 미디어의 제작을 위한 푸드 코디네이터로서의 다양한 역할들을 구체적으로 살펴보자.

1. 잡 지

잡지에서의 제작과정은 기획, 섭외, 시안 상의, 푸드 스타일링, 촬영, 편집 및 디자인, 인쇄 순으로 진행된다. 잡지 작업에서 중요한 사항은 제작하고자 하는 잡지 기획의도의 정확한 파악과 콘셉트 설정, 그에 따른 푸드 코디네이터의 연출력이라 할 수 있다.

(1) 기획

기획의도의 정확한 파악을 위해서는 평소 다양한 아이템 선정을 위해 다양한 자료를 정리하고 활용할 수 있는 감각을 키워야 한다. 이러한 정보 수집의 과정은 무수한 아이템을 선정하고 그에 따른 연출을 뒷받침해 주는 역할을 한다.

(2) 섭외

기획하고자 하는 주제에 필요한 전문 연출 인력을 섭외하고 스케줄을 맞춘다.

(3) 시안 상의

시안이란 시험적으로 만든 안을 말한다. 정해진 주제를 잡지 칼럼에 어떻게 구성하고 연출할 것인지에 대한 방향이 편집부에서 결정되면 회의에 참여하여 충분한 대화를 통해 시각적인 방향과 레이아웃 등의 시안을 상의한다.

(4) 준비 및 촬영

촬영을 위한 시안 및 메뉴 리스트 등의 준비는 물론이고 소품 준비가 철저히 이루어져야 한다. 소품 협찬을 받을 경우 공문서 발행과 소품 픽업과정을 거쳐야 한다.

(5) 편집 및 디자인

촬영이 진행되는 동안 내용에 따라 레이아웃이 바뀔 수도 있다. 그러므로 재수정된 것을 보고 최종적으로 편집과 디자인을 확인해야 한다.

(6) 인쇄

촬영을 마치면 편집디자인 및 인쇄를 통해 그달의 잡지로 완성된다.

● 작업 순서의 이해

① 기획 : 주제 결정, 스크랩 자료 활용
② 섭외 : 포토그래퍼, 요리연구가, 푸드 스타일리스트 등 관련 전문가, 섭외
③ 시안 상의 : 연출 방향 결정
④ 준비 및 촬영 : 촬영 의뢰서 · 최종 시안 · 메뉴 리스트 교환, 소품 준비
⑤ 편집 및 디자인 : 레이아웃 확인, 디자인 최종 확정

2. 방 송

광고의 목적은 고객에게 상품에 대한 정보를 충분히 제공함으로써 상품의 판매를 촉진하는 데 있다(미국 마케팅 협회). 그러므로 푸드 코디네이터는 푸드 스타일링 시 상품 구매력을 상승시킬 수 있도록 음식의 비주얼을 연출할 수 있는 능력이 요구된다.

방송광고제작을 위해서는 기본적인 CF제작과정에 대한 전반적인 이해를 가지고 다른 제작진들과 효과적으로 호흡할 수 있도록 해야 한다.

3. CF 제작 과정

(1) 제작 의뢰

오리엔테이션을 시작으로 기획회의를 통해 광고 콘셉트에 맞는 아이디어를 구상한다. 이후 제품의 경쟁사와 외국의 광고물들을 분석하고 시안을 뽑아 구체적인 방향으로 정리하여 PD와 협의 후 콘티 라이터에게 작화를 의뢰한다. 이는 촬영을 위한 대본을 작성하는 것으로 콘티(continuity)라 한다.

콘티가 작성되면 프리젠테이션을 통해 광고주를 설득하고 합의를 거친다. 이후 촬영을 위한 준비단계로 모델 캐스팅 및 스태프를 구성하고 제작 회의를 통해 모든 제작진이 광고제작 전반에 걸친 준비를 한다.

(2) 촬영

촬영을 위해서는 미리 촬영을 위한 장소 헌팅 및 세트 디자인을 해두어야 한다. 또한 전문가를 통해 모델의 의상과 헤어를 결정한다. 촬영의 모든 준비가 끝나면 PPM(pre production meeting)을 함으로써 감독이 광고주에게 제작 보고서를 브리핑한다. 이로써 촬영은 시작되고 모든 촬영이 끝나면 네가(필름) 현상 후 디지털 편집을 거쳐 완성된 영상 안에 비디오 더빙을 해 완료한다.

(3) 대행사와 광고주 시사

완성된 광고제작물은 대행사와 광고주에게 차례로 시사를 한다. 이는 대행사의 평가위원회를 통한 1차 통과 후 방송심의과정을 거치면서 방송될 수 있다.

4. TV 홈쇼핑

최근 홈쇼핑은 유통업에서도 전례를 찾아볼 수 없을 만큼 성장하여 바야흐로 전성기를 맞이하고 있다. TV 홈쇼핑에서는 여러 방송 프로그램이 있는데 그 중에서도 식품 관련 프로그램이 다수 방영되고 있다.

실시간 매출을 체크하며 진행하기 때문에 철저한 사전 준비가 되어 있지 않으면 방송이 진행될 수 없고, 그만큼 푸드 코디네이터의 역할이 많은 부분을 차지한다고 말할 수 있다.

(1) 계획서

푸드 코디네이터는 사전에 PD와 MD, 그리고 업체에서 어떻게 상품을 표현하길 원하는지 듣고 그에 맞춰 준비하는데, 방송 진행에 어울릴 수 있도록 세부적으로 서술하고 대강의 스케치(rough skech)를 하는 것이 중요하다. 이러한 자료를 통해서 푸드 코디네이터의 철저히 준비된 모습을 보여 줄 필요가 있으며, 특히 새로 런칭(launching)한 제품일수록 더욱 철저히 계획하여 연출해야 한다.

(2) 무대 시안서

새로 런칭한 제품일 경우에 무대 디자인이 사전에 나오는데 푸드 코디네이터는 무대 디자인 시안서를 참고로 하여 테이블을 보기 좋게 연출해 준다.

(3) TV 방송 스타일링

영화나 TV 드라마, 시사 교양 및 오락 프로그램에서 음식 관련 장면이 등장할 때 해당 음식에 관한 연출을 주로 담당하게 되며, 인쇄매체나 광고촬영과는 달리 시나리오나 구성작가뿐 아니라 여러 분야 스태프들, 심지어 출연진들과의 팀워크도 중요하다.

사전 작업은 시나리오 작가나 구성작가, PD, 미술감독, 요리연구가 등이 진행하게 되며 촬영 시에는 조명, 촬영, 음향 스태프, 출연진들이 현장에 참여하고 촬영 후 작업으로는 레시피 라이터(recipe writer), 웹 디자이너, 홍보 대행사 등의 여러 분야와 많은 인원이 함께하게 된다.

방송 스타일링은 인쇄매체나 광고촬영과 달리 섬세한 표현보다는 해당 장면에서 표현하고자 하는 주제가 뚜렷이 부각될 수 있도록 스타일링하는 것이 중요하다.

시사 교양 프로그램인 경우에는 차분하고 안정적인 느낌의 스타일링으로 전달하고자 하는 정보나 지식을 정확히 표현하도록 하여야 하며, 사전에 철저한 고증이나 검증에 신경을 써야 한다.

또한 오락, 쇼 등 TV 프로그램인 경우 강렬한 색상이나 독창적인 장식 및 소재 등을 사용하여 인상적인 연출로 주제를 표현하는 것이 효과적이며 조명이나 무대장치 및 출연진의 의상 등 주변 요소를 사전에 잘 고려하여 주어진 여건에서 다양한 형태로 스타일링하거나 또는 색다른 음식을 만들어 내는 작업도 필요하다.

영화나 DVD인 경우에는 대형 스크린을 통해 투사되는 관계로 무엇보다도 섬세함 및 질감 표현에 신경을 써서 주제를 표현하는 것이 좋다. 최근 들어 드라마나 쇼 오락 및 다큐멘터리 프로그램, 심지어 생활 뉴스에까지 음식을 소개하고 연출하는 장면들을 볼 수 있다.

5. 요리책

푸드 코디네이터로서 요리책 구성 시 필요한 기획안을 만들 수 있는 능력도 함께 길러야 한다. 기획과 편집 능력의 향상을 위해 알아두어야 할 사항들을 살펴보자.

(1) 요리책의 기획

요리도서를 기획할 때 가장 중요한 사항은 제작 목적과 방향을 분명하게 설정하는 것이다. 이러한 부분이 명확해야 책의 구성 및 구체적인 기획서를 작성할 수 있다. 기획서 작성 시에는 기획의 의도와 독자층, 책의 구체적인 방향에 대해 분명하게 서술하고, 제작물의 사양과 특이사항, 그리고 전체적으로 요리책에 포함될 내용에 대한 목록사항을 구체적으로 기재하여야 한다.

(2) 촬영

요리책의 촬영은 잡지와 크게 다르지는 않으나 잡지보다 좀더 철저한 시안 작업과 많은 폴라로이드 테스트를 거친다. 여러 번의 폴라로이드 테스트는 전체적인 컬러와 느낌, 이미지 등을 확인할 수 있으며, 이는 전체적인 흐름의 일관성을 유지할 수 있게 해주는 주축이 된다.

최근에는 디지털 작업을 통해 이를 손쉽게 수행할 수 있게 되었다. 요리책의 표지는 내용을 대표하는 이미지로 가장 마지막까지 신중하게 작업하는 부분이라 할 수 있다.

(3) 편집

촬영 후 음식의 레시피에 있는 원고를 정리, 편집해야 한다. 이때에는 표준 레시피와 표준 단위를 사용하여야 하며, 식품재료학적 측면과 함께 영양학적 측면을 함께 고려하여 정리하여야 한다.

(4) 디자인 및 인쇄

출판용으로 좋은 질을 제공하기 위해서는 대부분 드럼 스캔(drum scan)이라는 과정을 거친다. 디자인을 마친 후 그 파일을 출력소로 넘겨 출력을 한 후 필름 상태에서 이상이 없으면 그 필름은 인쇄소로 보내져 인쇄하고 제본하여 요리책이 완성된다.

6. 지면광고

최근 외식업계들의 판매촉진 활동의 수단으로 다양한 매체와 도구들이 활용되는데, 이중 POP광고(Point of purchase advertising)가 활발히 이루어지고 있다. POP광고란 구매시점 광고로 소비자와 제품이 같은 장소에 있을 때 소비자의 행동양식에 초점을 맞추는 직접적인 광고를 의미한다.

POP광고물에는 메뉴북, 포스터, 팸플릿, 카탈로그 등과 같은 인쇄물과 음식 모형, 조형 광고물 등이 있다. 지면광고는 POP광고물 중 패키지 광고를 포함한 인쇄물 광고를 포함한다. 이러한 광고들은 고객의 필요(needs)에 맞춰 과도한 스타일링을 자제하고 제품의 특성과 이미지를 최대한 살려 연출한다.

(1) 패키지 스타일링

패키지 스타일링(package styling)이란 식품 포장지에 들어가는 요리 사진을 연출하는 것이다. 음식 패키지 촬영 시 음식에 대한 스타일링은 물론이고 패키지 안의 적합한 내용물과 요리, 그리고 카메라 앵글로 잡았을 때 시각적인 효과를 고려해서 제품의 포커스를 어디에 둘 것인지가 가장 중요하다.

(2) 메뉴판 스타일링

메뉴북(menu book)은 외식업소의 전반적인 운영사항을 알리는 정보 제공 역할과 외식업소의 목표, 철학 등을 나타낼 수 있는 상징물(symbol)이기도 하다. 따라서 메뉴북은 형태, 크기, 모양, 패널에 따라 다양하며 각 업소별 특성에 맞는 디자인 선택을 통해 독창성을 높이고 업소의 이미지를 표현할 수 있도록 스타일링 되어야 한다.

(3) 카탈로그 스타일링

상품이나 기업을 소개하기 위해 만든 인쇄물로서 카탈로그(catalogue)는 처음에 단순히 책명을 늘어놓은 목록으로 유럽에서 시작되었다. 미국은 카탈로그에 의한 직접 판매가 발달된 나라로 직접적인 메일이나 신문에 끼워 넣는 광고와 함께 널리 사용되어 왔다. 오늘날은 각 기업의 판매 전략을 위한 도구로서 그 가치가 새롭게 인식되고 있다.

(4) 포스터 스타일링

포스터는 종이에 인쇄되며 시각적인 전달을 목적으로 하나의 메시지를 전달하고자 한다. 이러한 포스터는 매장의 벽면을 활용하여 제품을 알리는 데 이용된다. 그러므로 순간적인 이미지로 메시지를 전달할 수 있으며 주의를 집중시킬 수 있는 강한 시각적인 효과가 요구된다. 따라서 논리적 설명보다는 감각적이고 인상적인 방법으로 스타일링 되어야 한다.

그 밖의 지면광고로는 가이드북, 캘린더, 신문, 잡지 등이 있다.

3. 포트폴리오

1. 포트폴리오의 정의

자신의 실력을 보여줄 수 있는 작품이나 관련 내용 등을 집약한 자료수집철 또는 작품집을 말한다. 푸드 스타일리스트가 많은 작업을 하면서 동시에 그 현장을 기록하여 남기는 것은 앞으로의 다른 작업을 위해 꼭 필요한 사항이다. 이는 푸드 코디네이터로서의 경력과 실력을 타인에게 보여줄 수 있는 자료가 되기 때문에 자기소개서이자 이력서이기도 하다.

그러므로 푸드 스타일리스트의 포트폴리오(port folio)는 자신을 알리는 가장 유용한 커뮤니케이션의 도구이며, 작품을 통해서 평가를 받는 것을 감안한다면 결코 간과해서는 안 되는 중요한 하나의 의미를 지니고 있다.

(1) 포트폴리오를 만들 수 있는 요소

우선적으로 창작을 하는 직업은 자신을 알릴 수 있는 포트폴리오를 가지고 있어야 한다. 자신의 생각과 느낌을 사진 혹은 작품을 통해서 표현하여 클라이언트에게 얼마나 효과적으로 전달하였는가에 따라서 포트폴리오의 성패가 좌우된다.

창의성, 철학, 독창적인 창작 능력이 돋보이는 포트폴리오는 눈에는 띄나 그보다는 자신의 작품의 중심이 무엇인가를 보여주는 것이 더 중요하다. 포트폴리오는 인쇄된 작품 샘플을 모아 놓은 책의 형식과, 포지티브 필름 트랜스패런시(transparency)나 슬라이드 필름을 상자에 모아 둔 박스 형식 등 두 가지로 나뉜다.

포트폴리오에 들어가는 작품 샘플로는 원본 혹은 오리지널 작품 사진으로 찍은 인화지 복사 또는 출판된 인쇄물에서 잘라낸 낱장 형태 등 종류와 표현 방식에 구애받지 않으며 개인적인 판단으로 결정하는 방법밖에는 없다.

2. 포트폴리오 구성

(1) 포트폴리오 구성

● 개인자료 수집용

개인자료 수집용으로 만들 경우에는 향후 다른 곳에서도 사용할 수 있도록 만드는 것이 좋으며 항상 새로운 작품이 생성되었을 때 언제든지 백업이 가능한 형태로 만드는 것이 효율적이다. 프리랜서로서 작품을 홍보하기 위해서 쓰이는 경우도 있다.

포트폴리오는 어느 정도 비즈니스적인 목적을 지니며 전반적으로 프로페셔널한 느낌으로 제작해야 한다. 자신이 담당한 최근의 작품과 대표적인 작품 위주의 구성을 짜고, 연락처를 반드시 기록하여 클라이언트나 포트폴리오를 보는 사람이 인식할 수 있도록 명시한다.

● 취업용

취업을 목적으로 하는 경우는 어느 회사에 들어갈 것인지, 그 회사가 원하는 바가 무엇인지를 명확히 해야 한다. 회사의 분야에 따라 푸드 스타일리스트에게 요구되는 포트폴리오가 다르기에 포트폴리오 구성면에서도 전문적인 수행 능력을 검증할 수 있는 작품으로 구성하는 것이 좋다.

● 홍보형

홍보를 위한 포트폴리오의 목적은 비즈니스를 위한 것이기에 홍보하여야 할 곳의 클라이언트에게 신뢰를 줄 수 있는 포트폴리오의 형태가 가장 중요하다. 프리랜서 같은 경우 개인 자료집과 다른 점은 프레젠테이션과 상담을 위한 목적이 반영이 되었다는 것이다. 여기서 어떤 종류의 포트폴리오든지 가장 우선적으로 생각해야 할 것은 작품을 돋보이게 하는 구성과 전개성을 가지고 있어야 한다는 것이다.

(2) 포트폴리오 제작하기 전 준비사항

포트폴리오를 제작하기 전에 가장 중요한 것은 자신만의 명확한 기준을 정하여 자료를 수집하는 것이다. 이것을 파일링(filing)이라고 하는데, 파일링이 효율적으로 잘 되어 있는지가 결과적으로 포트폴리오의 질과 방향에 미치는 영향이 크기 때문에 신경 써서 진행해야 한다.

① 자신이 작업했던 모든 작품 중 만들고자 하는 포트폴리오의 목표와 맞는 작품을 선별하여 골라낸다.

② 선별한 후 남은 작품들이 평가 과정을 거쳤음에도 불구하고 여전히 작품의 질이 낮다면 다시 사용할 수 없으므로 폐기처분한 후 재작업을 해서 작품의 통일성을 준다.

③ 클라이언트에게 작품을 어떠한 방법으로 보여주는 것이 좋은가에 따라 프레젠테이션 방법을 결정한다. 포트폴리오 형태를 바인더로 할 것인지 혹은 책으로 할 것인지와 같은 결정이 이 과정에서 이루어진다.

④ 작품의 선정과 포트폴리오의 크기 · 형태가 결정되면 포트폴리오 제작에 들어간다.

⑤ 포트폴리오의 구성과 제작이 끝나면 이렇게 제작된 포트폴리오를 조립하여 완성한다.

(3) 포트폴리오 촬영 시 준비사항

① 제작에 들어가기 전에 반드시 포트폴리오 만드는 것에 대한 콘셉트와 목표를 확실히 해야 한다. 이는 요리를 찍느냐 아니면 재료를 찍느냐는 것의 결정을 말하는 것이다. 촬영에 앞서서 대상의 결정은 촬영자가 대상에 대한 구성 및 느낌을 만드는 데에 많은 영향을 미치기 때문에 가장 선행되어야 하는 조건이다.

② 우리가 사용하는 디지털 카메라에는 화이트 밸런스란 기능이 있다. 이는 예전에 필름을 사용하던 시기와는 달리 촬영자에게 많은 편의를 주고 있다. 필름을 사용한 촬영이라면 광원의 성질에 따라 필름 종류와 다양한 필름의 조합이 필수 불가결한 사항이었지만 디지털 카메라는 이런 번거로운 상황을 간단히 제어할 수 있는 훌륭한 기능을 제공하고 있다.

화이트 밸런스는 색온도에서 주는 여러 가지 느낌을 효과적으로 제어할 수 있기 때문에 패밀리 레스토랑과 같은 텅스텐 조명에서부터 집에서 사용하는 형광등, 야외의 햇볕 아래에서 촬영할 경우에도 음식의 색상을 효과적으로 표현할 수 있게 한다.

색상은 보는 이의 식욕을 불러 일으키기도 감퇴시키기도 하는 중요한 요소이기 때문에 촬영 시 간과해서는 안되는 중요한 요소이다. 그러므로 자신의 디지털 카메라에 있는 화이트 밸런스에 대한 정확한 숙지가 요구된다.

③ 다음으로 준비할 사항은 촬영 앵글이다. 음식사진은 음식이 놓인 테이블의 의자에 앉아 보는 높이와 각도가 제일 편안한 느낌을 준다. 그러나 접시 바닥에 깔린 듯한 수프는 위에서 아래로 내려 보는 앵글로, 한껏 쌓아올린 샐러드는 음식과 같은 높이에서 바라보는 앵글로 찍어야 특징이 살아나기 때문에 이처럼 표현하고자 하는 바가 분명할 때는 앵글에 변화를 주기도 한다.

④ 다음으로 소품 및 배경을 들 수 있다. 보통 음식사진을 찍을 때는 푸드 스타일리스트와 사진가의 커뮤니케이션을 통해서 하나의 이미지가 만들어지는데, 우리의 손으로 간편하고 좋은 이미지를 만들어 내는 것이기 때문에 음식에 어울리는 소품과 배경을 고려해서 촬영을 해야 한다.

예를 들어 한식 요리를 촬영하는데 포크나 나이프가 등장한다면 그 사진은 소재의 부적절성 때문에 보는 이로 하여금 어색함을 느끼게 할 것이다. 그러므로 소재와 배경의 선택은 매우 중요한 사안이다.

⑤ 촬영렌즈에 대한 느낌도 감안하고 촬영해야 한다. 광각렌즈에서 오는 느낌보다는 망원렌즈의 아웃포커스의 느낌이 음식을 보다 돋보이게 한다. 우리가 사용하는 디지털 카메라로는 접사모드 촬영이 가능하다. 접사 촬영은 광각렌즈가 주는 설명적인 요소는 부족할지 모르나 적절한 아웃포커스를 통해서 이미지를 돋보이게 하는 효과가 있다.

물론 각 디지털 카메라 기종에 따라 접사모드의 초점거리가 다르기 때문에 본인의 디지털 카메라의 접사 초점거리가 어느 정도가 되는지 정확히 아는 것 또한 필수 조건이다. 그리고 SLR 디지털 카메라 유저라면 매크로 렌즈를 활용한 촬영과 클로즈업 필터 등을 사용해서 보다 효과적인 결과를 얻을 수 있을 것이다.

⑥ 작품의 포트폴리오를 만들기 전 재료의 성격에 따른 활용조명을 선택하는 일 또한 중시된다. 일반적으로 음식 촬영에서 사용되는 전자 플래시의 경우 가격이 높으며 높은 열을 내는 텅스텐 조명에 비해 광량이 저하되는 면이 있으나 다양한 부속품을 활용할 수 있다는 장점을 지닌다.
플래시는 전원을 켜는 순간 촬영을 할 수 있으며 사용되지 않은 에너지는 충전된다. 장소에 구애받지 않고 실내 혹은 실외에서도 자유롭게 촬영이 가능하다. 따라서 보통 음식 사진 촬영 시에 전자 플래시를 사용한다.

tip 그릇 구입처

• 세라믹요 02-548-7371

자유로운 형태, 다채롭고 깊은 색감을 지닌 멋스러운 그릇들로 흙의 질박한 감성과 한국적 정서를 전하고 있으며 다양해지는 식생활 문화와 더불어 실용성이 가미된 그릇을 제작, 우리의 그릇에 한 발 더 친숙해질 수 있도록 하는 소박하면서도 모던한 도자기가 있는 곳이다.

• 우리그릇려 + 82-2-549-7573 (02-549-7573)

우리그릇려는 전통에 기반하여 현대 생활에 접목시킨 유명 작가들의 그릇들이 모여 있는 곳이다.

• 정소영 식기장 02-541-6480

젊은 예술가들의 독창적인 감각과 야무진 손끝이 빚어낸 아름다운 식기를 판매하는 곳이다.

• 광주요 02-3442-2730

회화나 조각 등 섬세하고 고급스런 수공예 도자식기와 전통적 가치를 현대적으로 재해석한 감각적인 도자식 사발을 기본 구성으로 어디서든 편하게 쓸 수 있는 도자식기가 있는 곳이다.

• 한국도자기 02-332-3722

한국도자기는 한국적인 이미지를 세련된 디자인으로 만들어 다양한 종류의 세트 자기를 판매하는 곳이다.

• 이천 공방 예령

무광에 세련되고 한국 음식에 잘 어울리는 멋스런 그릇들을 순수한 흙과 자체 개발한 유약을 사용하여 만든 안심할 수 있는 도자기 그릇 공방이다. 직접 도자기를 굽고 판매하는 곳이다.

• 한청도요 031-632-7177

통도자의 진수를 배울 수 있는 체험 프로그램 및 도자 제작과정과 가마 소개, 전시장 견학이 가능한 곳이다. 물레와 코일링, 점토판 성형을 체험할 수 있다.

• 해강고려청자연구소 031-632-7017

해강청자연구소는 고려시대 이후 단절된 청자의 비법을 되살린 고(故) 해강 유근형 선생과 현(現) 유광열에 의해 설립된 청자 전문 연구소이다. 학교 또는 각종 기관에서 실시하는 연구 등의 단체 교육을 실시하고 있으며 외국작가 레지던스 프로그램과 도예 학교 및 워크숍이 가능하다.

• 해와달 031-638-4626

사기막골 도예촌에 위치하며 내 · 외국인 어린이, 청소년, 가족 및 원로 도자체험 교실이 운영되고 있다. 또한 대학생 동아리 실습, 직장인 동호회, 주부 도예교실도 운영되며 물레, 코일링, 핀칭, 점토판 성형 및 테라코타에 관해 체험할 수 있다.

• 남대문 대도상가 그릇도매상가 02-752-2958

여러 가지 그릇을 볼 수 있으며 그릇뿐만 아니라 다양한 소품들도 구입 가능한 곳이다.

Part 4

파티 플래닝과 푸드 코디네이터

1. 파티 플래닝

1. 파티의 정의 및 발달 배경

(1) 파티란?

파티(party)란, '친목 도모와 기념일을 위한 잔치나 사교적인 모임'으로 정의할 수 있으며, 어떤 목적을 갖고 모인 집단이나 일행들이 음식과 사람과 정보 등으로 자신을 표현하고 계발하는 활동이다. 파티의 어원은 '향연(饗宴)'으로 '눈을 크게 뜬다', '깜짝 놀란다'는 의미를 내포하고 있다.

파티는 사람들이 서로 얼굴을 맞대고 대화를 나누면서 깊게 교류하는 모임으로, 즐거운 파티를 위해서는 세심한 계획과 먹거리, 볼거리 등의 요소들을 적절히 잘 조화시켜야 이벤트로서 가치를 지닐 수 있다.

파티의 역사를 되짚어 올라가보면 상당히 오래전부터 파티가 있어 왔음을 알 수 있다. 고대 그리스 시대부터 왕족이나 귀족들은 향연(banguet)을 즐겼고, 파티는 성대했으며 독특한 연출이 필요하였다. 우리나라에 파티란 개념이 유입된 것은 개화기 서양문화가 도입되면서부터였으며, 경제적 소득 향상과 삶의 질을 중요시 하는 90년대를 넘어서면서 파티는 단지 사치스러운 특수한 사람들의 전유물이 아닌 좀더 보편적인 의미로 자리잡게 되었다.

현재는 남과 다른 특별함을 추구하고자 하는 개인들의 욕구로 소규모 파티가 성행되며 기업체에서는 새로

운 상품의 이미지 극대화와 고객의 참여를 유도하는 마케팅의 한 방법으로 런칭 파티가 일반화되고 있으므로 파티가 젊은이들의 트렌드로 자리매김하고 있다.

즉, 파티는 평범함 속에서 특별한 이벤트를 마련하는 것이며, 일상 생활의 청량제로서 중요한 위치를 차지하고 있다고 볼 수 있다. 파티 준비는 파티를 기획하고 모임의 성격에 맞는 테마를 선정하여 세부적인 현실적 요건들을 구비하는 것에서부터 시작되어야 한다. 즐거운 파티를 위해서는 진행관련 사전지식과 철저한 준비로 파티의 완성도를 높여 가야 한다.

(2) 파티 플래닝

파티를 기획, 진행하는 일련의 과정을 말한다. 외부 프로모션 파티 의뢰를 예로 들면 먼저 어떤 브랜드(또는 제품)를 홍보할 것인지 의뢰인과 충분히 이야기를 나누고 그에 따른 파티 콘셉트 정하기, 파티 장소 결정, 프로그램 세팅, 예산안 작성, 출연자 섭외, 파티 스타일링(푸드&플라워 장식) 회의 등등 일련의 과정을 준비하는 것을 파티 플래닝이라고 한다.

(3) 파티, 새로운 유흥문화의 등장

화려한 이브닝 드레스를 입고 샴페인 잔을 든 채 사람들과 이야기를 나누고 우아하게 춤을 추는 장면, 그것이 우리나라 사람들이 생각해 오던 파티의 개념이다. 서양의 전유물로만 여겨지던 파티는 더 이상 우리에게 낯설지 않은 존재로 비춰지고 있다. 몇 년 전만 하더라도 파티를 즐기는 사람은 상류층의 극소수에 불과했다.

그러나 최근에는 사교 파티는 물론 가벼운 파티들이 많이 보편화되면서 파티를 즐기는 사람들이 늘어나고 있다. 파티 용품만 전문적으로 파는 상점들이 속속 생겨 성공하고 있고 국내 파티 전문 업체만 해도 200여 개로 추산되고 있다. 하나의 문화로서 트렌드를 이끌어 가고 있는 파티 문화의 인기 비결은 무엇일까?

한국에 파티 문화가 들어온 것은 주한미군과 역사를 같이 한다. 추수감사절, 크리스마스, 할로윈 등의 전통적인 미국 명절에 미군들이 모여 파티를 하던 것이 그 시초였다. 그 후 미국의 문화가 본격적으로 들어온 1990년대에 젊은이들 사이에서 빠르게 파티가 확산되기 시작했다.

1990년대 후반부터 해외 유학생이나 외국 기업들을 통해 국내에 확산된 파티 문화는 대중매체를 통해 자주 다뤄지면서 일반인들의 인식을 변화시켰다. 거부감이 줄어들고 파티가 대중화되면서 파티 산업도 활성화되고 있다. 고급문화로 인식되던 파티를 별다른 저항 없이 즐기게 된 것은 전문직 고학력자들의 참여가 늘면서부터라고 한다.

파티 업체들은 20~30대 고학력자들을 타깃으로 사람들을 만날 기회를 마련해 주고 있다. 이들은 바쁜 직장생활로 따로 새로운 사람들을 만나기가 힘들지만 경제력이 있고 사회적 만남에 대한 욕구도 강하기 때문에 파티 참여에 매우 긍정적이다.

현재 우리나라에는 이벤트 회사, 결혼정보 회사, 호텔, 온라인 미팅 업체들을 비롯해 케이터링(catering) 업체, 데커레이션 업체, 파티 전문 업체 등이 혼재되어 있으면서 다양한 파티를 주최하고 있다.

파티는 이제 새로운 문화코드이자 의사소통의 통로가 되고 있다. 파티가 호응을 받게 된 이유는 다양한 사람들을 어색하지 않은 분위기에서 만날 수 있다는 장점 때문이다. 6명만 거치면 우리나라 사람들은 모두 다 아는 사람이라는 6단계 분리법칙의 범위를 파티 문화가 좀더 좁혀 주고 있다.

친분을 쌓는데 파티만큼 빠르고 좋은 것도 없다는 것이다. 여러 직업의 사람들을 만날 수 있고 연령대와 상관없이 격의 없이 친해질 수 있다는 점이 무엇보다 젊은 세대들에게 각광을 받는 이유이다.

파티는 그 목적과 형식에 따라 유형이 가지각색이다. 앉아서 즐기는 seating style, 서서 즐기는 standing style이 있고 혹은 서빙을 받는 형식과 스스로 챙기는 셀프 서비스 형태가 있다. 이러한 파티 범위에는 식사를 위주로 하는 정식 디너 파티와 조찬회가 있고 차와 술을 위주로 하는 칵테일 파티, 와인 파티, 리셉션 파티, 티 파티, 뷔페 파티, 댄스 파티, 베이비 샤워 파티, 포틀럭 파티, 가든 파티 등 아주 다양한 유형이 존재한다.

이러한 파티들은 그 규모와 분위기에 따라 열리는 장소도 다르다. 많은 사람들이 참석하는 디너 파티의 경우 정장차림을 하는 것이 기본이고 호텔과 같이 규모가 큰 장소에서 열린다. 복장이 비교적 자유로운 댄스 파티는 클럽이나 바(bar) 같은 곳에서 열리고, 포틀럭 파티(potluck party)나 가든 파티는 집에서 열리는 경우가 많다.

한국문화의 일부분으로 동화되기에는 거리감이 있어 보이던 파티 문화가 우리나라에 서서히 자리를 잡게 된 배경을 살펴보면 다음과 같다.

● 경제 수준이 올라가면서 문화적 욕구 상승

우리에게 익숙한 파티란 기껏해야 생일 파티에 불과했지만 최근 한국에서도 젊은 층을 중심으로 다양한 파티가 등장하면서 새로운 유흥문화가 형성되고 있다. 우리나라 국민들의 경제 수준이 향상되면서 소비자들의 문화 욕구가 상승하고 고급 사교문화의 수요가 늘고 있는 것에서 새 트렌드의 배경을 발견할 수 있다.

과거 파티 문화를 상류층의 사치문화로만 인식하던 것에서 벗어나 삶의 질을 추구하는 경향이 짙어지면서 살사댄스 파티, 칵테일 파티, 해변 선상 파티 등 다양한 목적의 사교와 여흥을 위한 파티가 늘어나고 있다.

● 외국 유학의 증가

최근 대학생들의 어학연수나 유학이 빈번해지면서 이들이 외국에서 경험했던 파티 문화를 한국에 들어와서 유포하는 역할을 하기도 했다. 폭탄주, 1차, 2차, 3차로 이어지는 음주문화에 질린 사람들이 그야말로 음주가무를 적당히 즐기는 파티 문화를 선호하게 되었다.

● 주 5일 근무

주5일 근무는 사람들에게 더 많은 여가시간을 부여했다. 노동 시간이 줄어든 대신 사람들은 뭔가 건전하게 즐길거리를 찾기 시작했다. 또한 맞벌이 부부와 같이 부모님이나 아이에게 신경을 많이 쓰지 못하는 사람들이 주말을 이용해 가족의 기념일을 챙기기 위해 파티를 여는 경우도 늘어나고 있다.

● 특이한 것, 재미있는 것을 추구하는 젊은 세대

누구나 다이어리에 붉은 펜으로 동그라미를 표시한 기념일을 여러 개 보유하고 있기 마련이다. 그러나 유독 키스한 날, 만난 지 100일, 200일, 1000일째 되는 날 등 온갖 날들에 의미를 부여하고 즐기기 좋아하는 것이 또한 요즘 10~20대 젊은 층들의 성향이다. 평범하지 않은 것, 그리고 특이한 것을 원하는 젊은 층의 욕구는 이벤트와 축제 문화를 탄생시켰다.

주부들의 경우 특히 기념일을 챙기기 바쁘다. 결혼 기념일, 크리스마스 파티, 자녀들의 생일파티 등 일 년에 몇 번은 음식 장만에서부터 집 꾸미기까지 행사를 준비해야 하고 그런 날들을 특별하게 보내고 싶어하는 마음이 바로 요즘 미시족, 젊은 부부들의

특징이다. 신흥 파티문화 형성에는 20대 미혼 직장인들의 호응도 빼놓을 수 없는데 사회적 관계를 중시하고 이성에 관심이 많은 이들이 사교와 여흥을 위해 파티에 참석하는 빈도가 늘어나고 있기 때문이다.

경제 성장으로 인한 소비자들의 문화적 욕구 상승, 외국 유학의 증가, 주5일 근무, 새로운 것을 추구하는 젊은 세대의 트렌드들이 맞물려 파티는 이제 인간관계에서의 긴밀함을 형성하는 이벤트의 하나로 자리를 잡게 되었다.

파티 이벤트가 인기를 끌면서 관련 상품을 판매하는 업체들도 성황이다. 동대문, 남대문 등 대형 도매시장에는 물론 파티용품 수출업에만 종사하던 회사가 파티 관련 상품을 파는 숍(shop)을 오픈하는 경우도 늘고 있다. 또한 인터넷을 중심으로 파티용품을 판매하는 e-shop과 벌룬 파티, 리본 파티, 떡 파티 등 특정 파티만을 기획해 주는 전문 파티 기획사들도 틈새를 노리며 파티족들을 유인하고 있다.

회원제를 이용해 파티를 정기적으로 기획 · 운영하는 업체들도 있다. 일부 해외 유학파들이나 결혼정보회사, 외식업체 등이 주체가 되는 이런 파티는 업체들이 일명 물을 좋게 하기 위해 전문직 미혼자들에게 회원 가입과 파티 참가를 유도하는 일이 흔하다. 그러나 광고에 비해 고객들의 만족도는 아직 낮은 듯 보인다.

업체가 주관하는 고품격 파티 관련 상품 판매업뿐 아니라 파티 관련 인력을 양성하는 기관들도 성황을 이루고 있다. 푸드 스타일리스트, 데커레이터, 파티 플래너 등 파티 전문가를 양성하는 기관들이 인기를 끌고 있다.

2. 파티의 종류

(1) 디너 파티(Dinner Party)

디너 파티는 가장 격식을 갖춘 의식적인 연회로서, 풀코스의 만찬을 내용으로 하는 가장 정중하고 격식 있는 파티이며, 어떤 중요한 사교의 목적이 있을 때 개최하는 것이 일반적이다.

복장은 정장으로 하며 초대장을 보낼 때 파티의 취지와 주빈의 성명을 기재하여 정식 초청장에 의해 초대된 사람들만이 파티에 참석하는 것을 원칙으로 한다. 이 모든 것이 결정되면 식순이 정해지고, 참석자가 많을 경우는 파티장 입구에 테이블 배치도를 놓아 참석자의 혼란을 피하도록 한다.

디너 파티는 초청자와 주빈이 입구 쪽에 일렬로 서서 손님을 마중하는, 이른바 리시빙 라인(receiving line)을 이루어 손님을 맞이한다. 식사 전에는 칵테일을 마시고, 식당 입장은 호스트가 주빈 부인을 에스코트하여 선도하고 다음으로 주빈이 호스티스를, 그 이하는 남성이 여성에게 오른팔을 내어 잡도록 하여 좌석 순서에 따라 착석한다.

(2) 칵테일 파티(Cocktail Party)

칵테일 파티는 각종 주류와 여러 가지 음료를 주제로 하여 오드블을 곁들여 입식 형식으로 행하여지는 연회로서 요기를 위하여 핑거푸드 등을 제공하기도 한다. 칵테일 파티는 격식이 없고 자유로운 분위기가 필요한 결혼, 생일, 기념일, 축하연, 발표회와 같은 파티에 어떠한 시간에도 다양하게 이용할 수 있는 편리한 연회 형식이다.

또한 입식 파티인 칵테일 파티는 좌석 파티에 비하여 비용이 적게 들 뿐만 아니라 지위고하, 노소를 막론하고 자유로이 이동하여 격식 없이 담소할 수 있으며, 참석자들의 복장이나 시간적인 제약이 엄격하지 않으므로 자유분방한 현대인들에게 편리하고 특히 사교모임에서 이용하기에 적합한 파티라고 할 수 있다.

손님들은 파티장 입구에서 주최자와 인사를 나눈 후에 입장하여 파티장에 차려져 있는 바(bar)로 가서 음료를 주문하여 받은 다음 스스럼없이 손님들과 어울리게 된다. 이때 파티를 서브하는 접객원들이 명심하여야 할 것은 아무리 셀프 서비스 형식이라고 하더라도 준비되어 있는 음식은 많이 소비되어야 하므로 수시로 빈 글라스를 들고 있는 분에게 재주문을 받는 아량도 베풀어야 한다.

점잖은 손님이나 숙녀들은 오드블 테이블에 자주 가지 않는 경향이 있으므로 오드블 접시를 들고 손님들 사이를 돌며 권유하여야 한다.

(3) 리셉션 파티(Reception Party)

리셉션 파티는 격식이 높고 공식적인 행사에서 대개 공식 만찬과 함께 행하여지며, 공식 만찬에 들어가기 전에 별실에서 주빈과 초청인들 간의 인사를 겸하여 행하여지는 영접 칵테일 파티라고 할 수 있다.

리셉션 파티도 일반적인 칵테일 파티와 별 차이는 없으나 파티 참석자들은 복장이나 시간, 예의범절에 유념하여야 한다.

리셉션 파티에 참석한 손님들 중에서도 만찬에 초청된 인사들 외에는 칵테일 파티가 끝나면 돌아가게 된다. 이때 영접원들은 만찬에 초청된 인사들이 만찬장에 입장하기 전에 자기 좌석이 어디 있는지 미리 알도록 좌석 배치도를 비치하여 입장 시에 당황하지 않도록 배려하여야 할 것이다.

(4) 티 파티(Tea Party)

티 파티는 각종 차와 과자 등을 차려 놓고 손님들을 초대하는 소규모의 파티로 1662년 영국 찰스왕자에게 시집 온 포르투갈의 캐서린 공주가 귀족들의 사교를 위한 모임을 갖는 데에 당시 영국에 없었던 차나 설탕을 제공했던 것이 유래이다.

17세기에는 귀족들을 위한 문화였던 홍차가 19세기에는 서민들에게도 알려졌다. 모임 자리에서 술을 마시지 않고 차를 마시게 되면서 티 파티가 일반적인 영국 가정에도 뿌리를 내리게 되었다.

홍차를 비롯한 차와 간단한 쿠키, 케이크, 과일 등이 주메뉴다. 티 파티를 준비할 때 가장 신경 써야 할 것은 다양한 음식보다 식탁보와 냅킨, 찻잔, 식기 등이라고 할 수 있다. 티 파티는 음식 자체보다 분위기를 즐기는 것이므로 모임의 성격이나 계절에 따라 잘 어울리는 것으로 준비한다.

보통 티 파티에는 흰색이나 크림색 등 단색의 깔끔하고 단정한 식탁보와 함께 같은

재질의 냅킨을 준비하고, 은제품이나 도자기로 된 티 쟁반, 핫 포트, 티 포트, 밀크 포트, 설탕 포트, 홍차 잎을 거르는 티 스트레이너, 레몬 그릇 등을 기본으로 준비해야 한다. 개인마다 찻잔과 냅킨, 포크, 접시를 두어야 하는데, 찻잔은 잔잔한 꽃무늬가 있는 것이나 너무 튀지 않는 심플한 것을 즐겨 사용한다.

티 냅킨은 여성용 손수건 정도의 크기로 레이스를 댄 것을 사용하는 것이 고급스럽다. 냅킨 접는 법이나 장식은 테이블 세팅 전체의 분위기를 좌우할 만큼 매우 중요한데, 상차림의 경험이 별로 없는 사람들은 아무래도 냅킨 홀더를 사용하는 것이 간편하다. 냅킨을 적당한 크기로 접어 돌돌 만 다음 냅킨 홀더에 끼워 주름만 잘 잡아주면 된다. 새로운 분위기를 내고 싶다면 홀더 사이에 작은 꽃을 끼워 넣거나 꽃과 나뭇잎을 엮어 가볍게 묶으면 테이블 전체가 화사하게 살아난다. 또 냅킨을 적당하게 돌돌 말아 리본으로 가볍게 묶어도 여성스러운 아기자기함을 느낄 수 있다.

이때 리본은 냅킨의 색상이나 재질과 잘 어울리는 것을 선택한다.

티 파티 상차림에서 빼놓을 수 없는 것이 꽃 장식이다. 화사하고 탐스런 꽃을 대담하게 장식하는 것도 좋지만, 주인의 센스가 돋보이도록 오아시스를 이용해서 작고 예쁜 꽃들을 아기자기하게 꽂아보는 것도 좋다. 여러 가지 종류의 꽃을 한꺼번에 꽂을 때는 서로 키가 똑같지 않게, 너무 촘촘하지 않도록 꽂아야 한다. 먼저 가장자리에 파란 잎들을 살며시 늘어뜨리고 안으로 들어가면서 꽃들을 꽂기 시작한다.

티 파티에서는 보통 3단 접시를 준비해 1단에는 자그맣게 만든 샌드위치를, 2단에는 달콤한 케이크를, 3단에는 쿠키 등을 담아내는데, 그 밖에 경단이나 한입 크기로 먹을 수 있는 떡, 초콜릿, 과일 등도 잘 어울린다.

접시는 꼭 3단 접시가 아니더라도 2단이나 보통 접시를 사용할 수도 있다. 쿠키를 담을 때는 천 레이스나 레이스 페이퍼를 깔고 담아내는 것이 좋다.

차는 홍차를 주로 사용하지만 녹차나 커피, 허브차 등을 준비해도 무난하다. 홍차는 향과 색, 맛의 3가지가 잘 조화를 이뤄야 하는데, 차를 끓일 때 조금 뜸을 들여 우려내는 것이 은은해서 맛있다.

3인분의 차를 끓일 경우 찻잎 네 스푼에 끓는 물을 부어 우려낸 다음 각각의 잔에 홍차를 따르고, 마지막에 남은 홍차를 골든 드롭(golden drop)이라 하여 진하게 우려 각각 한 방울씩 더 나누어 즐긴다. 홍차에는 레몬이나 밀크를 준비해서 각자의 취향에 따라 넣어 마실 수 있도록 한다.

(5) 뷔페 파티(Buffet Party)

뷔페 파티는 일정한 격식을 차리지 않고 간편하게 손님을 접대할 수 있다. 따라서 특별한 의미를 부여하지 않고 부담 없이 사람을 초대할 때에는 뷔페가 좋다. 뷔페는 초청하는 사람이나 초청받는 사람 모두 가벼운 기분으로 식사를 할 수 있으며, 자신이 직접 음식을 덜어다 먹기 때문에 자기가 선호하는 요리 위주로 먹을 수 있다는 장점이 있다.

또한 주최자는 일손을 덜 수 있으며, 격식을 차린 파티와 달리 자유롭게 움직이며 요리를 덜어 먹기 때문에 동시에 많은 사람의 접대가 가능하므로 오늘날과 같이 바쁘게 살아가는 사람들에게는 매우 편리한 접대방법이다. 일반 가정에서도 쉽게 응용할 수 있어 각종 성격의 파티 시 뷔페식을 도입한다면 사교에 도움을 줄 수 있을 것이다.

뷔페는 그 형식에 따라 sitting buffet(테이블에 앉아서 식사)와 standing buffet(선 채로 식사), 그리고 cocktail buffet(식사보다는 안주 위주의 간단한 뷔페)로 나눌 수 있다.

(6) 가든 파티(Garden Party)

가든 파티는 정원에서 하는 비교적 규모가 큰 티 파티의 하나다. 일 년 중 날씨가 쾌청하고 청명한 날을 골라 정원에서 베푼다고 하여 가든 파티라고 하는데 정원의 경치가 가장 훌륭한 계절에 주로 한다.

파티는 테니스나 크로케(croguet) 등의 스포츠도 함께 즐기는 소형 연회에서부터 오케스트라를 동원한 무도회에 이르기까지 목적에 따라 규모가 달라진다. 그러나 보통 가든 파티라 하면 수백 명에 달하는 사람을 초청, 각종 여흥을 즐기며 이에 필요한 기물이나 요리들을 정원으로 옮겨 음료 카운터를 만들어 접대하는 사교적 행사를 말한다. 여흥으로는 야외 연극, 야외 발레 등의 문화적인 행사와 테니스, 크로케 등의 스포츠 행사, 그리고 바자회 등이 있을 수 있다.

(7) 피크닉 파티(Picnic Parth)

피크닉 파티는 말 그대로 야유회에 가서 하는 파티로 가족 단위, 회사 동료, 동기동창 모임 등 다양하게 이루어지고 있다. 이 파티는 야외에서 동원할 조리방법들을 대부분 사용할 수 있다. 통나무에 걸터앉거나 땅바닥에 밝은 체크 무늬 담요를 깔고 앉은 손님들에게 바구니에 담아 온 찬 음식들을 서브한다.

더운 날씨에 부득이 피크닉을 행할 때는 음식을 좀 신선하게 해서 서브하여야 한다. 아이스박스에 음식을 몇 시간 정도는 차게 유지할 수 있다. 야외에서의 피크닉 시에는 국물이 많은 음식보다는 물기가 없는 음식이 좋다.

(8) 바비큐 파티(Barbecue Party)

'바비큐(barbecues)'란 말은 옥외용 숯불구이 석쇠를 뜻하지만, '옥외 파티(outdoor party)'란 의미로 사용될 때는 조리방법에 있어서 꼭 석쇠구이(grilling)로 한정시킬 필요는 없다. 바비큐는 집안 뜰에 설치해 놓은 영구 석쇠일 수도 있고, 자동적으로 쇠꼬챙이가 돌아가도록 아주 정교하게 만들어진 휴대형 그릴일 수도 있으며, 캠프파이어(campfire) 위에 올려놓고 구워낼 수도 있는 것이다.

(9) 포틀럭 파티 (Potluck Party)

포틀럭은 '있는 것만으로 장만한 음식'이란 뜻으로 파티 주최자가 간단한 메인 메뉴만 준비하고 참석자가 개인 단위일 경우는 각자 한 가지씩, 가족 단위일 경우는 한 가지 내지 두 가지의 요리를 지참하고 와서 여는 파티로 사람 수가 많으면 많을수록 또 여러 인종이 모일수록 호화롭고 즐거운 파티가 된다.

원래는 북미(미국, 캐나다)의 문화였으나 현재에 와서는 세계화되고 있는 파티 형태이다. 요리를 지참하는데는 두 가지 방법이 있는데, 하나는 어떤 요리도 상관없으니 가장 자신 있는 것을 지참하는 방법이다. 메인디시가 너무 많거나 샐러드류가 부족한 경우가 있을지도 모르지만 참석자로서는 마음 편히 참여할 수 있다.

또 하나는 돌보는 사람을 정하고 참석자에게 이러이러한 요리를 가져오면 좋겠다고 할당하는 방법이 있으며, 송별회 · 환영회 등과 같이 한 사람을 위해 다수가 같이 주최하기에 적당한 파티다. 그러나 보통은 사전에 무엇을 가져올지 등을 서로 정하고 샐러드에서부터 케이크에 이르기까지 음식을 직접 만들기 때문에 사정에 따라 음식을 만들지 못하는 경우는 음료수 및 과일 등을 마련해 가면 된다.

만약 파티 초대장에 'B.Y.O(Bring Your Own)'라 쓰여 있으면 이는 포틀럭 파티를 의미하는 것인데 호스트는 국물이 있거나, 미리 조리를 끝냈다가 데워내기만 하면 되는 스튜, 또는 오븐 요리 등을 준비하면 좋다. 하지만 요즘에는 꼭 식사시간이 아닌, 오후 즈음의 티 파티 정도로도 많이 한다.

또한 요리를 서양식으로 준비해야 할 필요는 없으며, 초밥과 김밥, 돼지고기나 쇠고기를 양념에 재어 가져와 즉석에서 구워 먹는 동양식 포틀럭도 좋으며 중국 요리인 탕수육이나 깐풍기 등도 소스만 따로 준비해 와 바로 데워 뿌려 먹을 수 있도록 해도 좋다.

포틀럭 파티는 파티의 주최자가 모든 음식을 준비하지 않아 부담감이 덜하고 참석자들도 자신이 잘하는 요리를 여러 사람 앞에서 선보일 수 있다는 매력이 있어서 한국에서도 최근 들어서 유행하고 있다.

(10) 베이비 샤워 파티 (Baby Shower Party)

한국에서는 아기가 태어난 후에 축하하는 것이 일반적이다. 하지만 미국에서는 아기가 태어나기 전에 베이비 샤워 파티를 연다. 아기 부모에게 필요한 아기용품 등을 미리 장만해 주는 것이 이 파티의 목적이다.

그러므로 베이비 샤워는 첫 아이 때만 하는 것이 좋다. 이 파티는 전통적으로 여자들만을 위한 파티였지만 남자들도 참여하는 것이 점차 일반화되고 있는 추세다. 파티를 주최하는 사람은 예비엄마의 가장 친한 친구가 대신해 준다. 파티는 대개 집에서 출산 예정일 4주 내지 6주 전에 한다.

(11) 브라이들 샤워 파티 (Bridal Shower Party)

Bridal Shower는 결혼식 전에 신부 친구들이 신부를 위해 각종 선물을 준비해 주는 모임이며, 여기서 생활용품도 많이 주지만, 특히 신혼 첫날밤을 위한 란제리나 야한 속옷들을 선물해서 친구들 앞에서 입어 보게도 하고, 약간 짖궂게 놀려먹기도 한다. bridal shower는 여자들만의 모임이다.

(12) 베출러 파티 (Bachelor Party)

Bachelor party의 유래는 고대 스파르타에서 결혼식 전날 밤, 예비신랑이 친구들에게 영원한 우정을 약속하는 연회에서 찾아볼 수 있다.

결혼을 앞둔 예비신랑도 예비신부만큼이나 앞으로 행복한 결혼생활을 만들어 나갈 수 있을 것인지에 대해 많이 긴장하기 마련이다. 예비신부(Bride-to-be)가 친구들과 bridal shower를 열어서 즐거운 시간을 갖는 것처럼, 예비신랑(groom-to-be) 역시 친구들과 모여 결혼식 전 마지막으로 파티를 하게 되는데 이것을 bachelor party라고 부른다. 여기서 사용된 bachelor란 '총각, 미혼 남자'라는 뜻을 갖는다.

친한 친구들과 모여 결혼 전에 마지막으로 신나게 놀 수 있는 기회라고 하여 밤새 술도 마시고, 카드 게임도 하고, 심지어 친구들끼리 돈을 모아 strip girl을 불러주기도 한다.

그 밖에도 크리스마스 파티, 와인 파티, 생일 파티, 할로윈 파티, 디너 파티, 댄스 파티 등이 있다.

3. 파티 플래너

파티 문화가 한국에 뿌리를 내리면서 다양한 파티 관련 산업이 등장하고 있다. 그 첫 번째가 신종 직업으로 각광받는 파티 플래너, 파티 매니저, 파티 오거나이저 등인데, 이들은 장소 섭외, 음식 준비에서부터 직접 파티를 기획하고 비용과 예산을 뽑아 주는, 한 마디로 파티 컨설턴트라고 할 수 있다.

2002년 말 크리스마스 이브에 한 호텔은 파티 엑스포란 아주 색다른 행사를 열었는데 놀이동산을 콘셉트로 호텔 전체를 파티 동산으로 만든 것이었다. 호텔에서는 로비에서부터 객장에 이르기까지 테마가 다른 여러 파티가 동시에 열려 젊은 층의 큰 호응을 얻었다. 이 특이한 파티 엑스포를 기획하고 준비한 주인공은 바로 헤드헌터에 의해 스카우트 되고 쟁쟁한 경쟁을 뚫고 선발된 전문 파티 플래너들이었다.

파티 플래너는 작은 모임으로부터 특별한 이벤트나 기념일, 컨벤션과 같은 연회에 이르기까지 파티의 기획부터 진행까지의 전체적인 연출을 담당하는 사람을 말한다. 파티 플래너는 파티의 콘셉트, 개최자의 요구, 게스트의 참석 확인에 따라 체크리스트(checklist)를 작성한 뒤 파티의 콘셉트에 맞는 요리 메뉴를 설정하고 꽃, 풍선 등 다양한 소품으로 공간을 경영하고 관리하는 전문인이다.

과거에는 파티가 일부 소수만을 위한 문화라는 생각과 젊은이들의 코드라는 인식이 있었지만, 앞으로는 공간과 사람, 음악과 음식 등 다양한 요소들이 조화롭게 어울려야 한다. 그리고 앞으로는 가족 모임이나 전통적인 대인 관계의 기능이 약해지는 반면 인간관계에 대한 욕구는 여전히 남아 있기 때문에 이를 단순한 파티가 아니라 하나의 문화로 이끌 수 있는 전문인의 필요성이 증대될 것이다.

따라서 파티 플래너는 다양한 요소들을 조화롭게 연출할 수 있는 감각을 지녀야 하고, 급변하는 문화도 읽어낼 수 있는 능력을 갖추어야 한다.

음식이나 꽃, 미술에 대한 지식이 요구되며 강인한 체력과 프로 근성도 필요하다. 또, 새로운 소재들에 대한 관심, 사람과 사람 간의 관계 형성, 독창적인 아이디어의 개발을 위한 끊임없는 노력이 필요하다.

(1) 파티 플래너의 자질

파티 플래너의 자질로는 대인 관계, 미적 감각과 요리 실력, 책임감과 체력, 마케팅 능력과 홍보 능력, 끈기와 인내 등이 필요하다. 또, 매니지먼트, 인테리어 스타일링, 플라워 데커레이팅 등 한계가 없다. 즉, 파티 플래너는 무한한 능력이 요구되는 직업이다. 그 밖에 이러한 실무 기술에 앞서 인간이 가지고 있는 친절함이나 배려를 다른 사람에게 전달하는 환대(hospitality)가 우선되어야 한다. 파티의 중심이 바로 사람이라는 인식과 자신감, 열정, 그리고 자기만의 개성은 파티 플래너로서의 미래를 밝게 할 것이다.

● 파티를 즐기는 마음

파티를 기획하는 사람들에게서 가장 중요한 것은 실무적인 기술이 아니다. 파티에서의 중심은 사람이므로 열린 마음으로 사람을 대할 수 있고 따뜻한 관심과 배려의 자세를 갖췄다면 그 누구라도 훌륭하게 파티를 개최할 수 있다.

당장 이런 기획이 금전적으로 도움이 되지 않더라도 시도해 보는 정신은 진짜 파티를 즐길 줄 알고 사랑해야 생기는 용기이며 쓸데없어 보이는 시도도 결국은 나중에 중요한 소스가 된다.

① 불타는 열정과 자신감

단순히 파티를 즐기는 것이 아니라 다른 사람들을 위해 성공적인 파티를 개최해 줄 수 있는 파티 플래너가 되기 위해서는 무엇보다 개인의 마음 자세 및 열정이 중요하다. 아직은 미개척 분야인 만큼 보수나 그밖에 여러 가지 부분에서 미비한 점들이 많다. 이에 굴하지 않고 자신감과 용기를 갖고 뛰어들 수 있는 사람, 무엇보다 이 일을 진심으로 즐길 수 있는 사람만이 성공할 수 있을 것이다.

② 철저한 계획성

뚜렷한 목표 및 전략을 가지고 기획을 입안하고 제작, 진행, 실행까지 철저한 전략적 사고로 작업을 할 수 있는 능력이 있어야 한다.

③ 실행력

일을 추진하는 도중에 겪는 실현 불가능한 현실, 내 · 외부의 의견 불일치 및 변경 요구에 동요됨이 없이 강력하게 업무를 추진하여야 한다.

④ 결단력

출연진의 약속 불이행, 기후 관계 등의 예기치 못한 일이 발생할 경우 차선의 대책을 즉각 실행에 옮길 수 있어야 한다.

⑤ 인간관계

광고주, 내부 전문가, 외부 관계자 등의 많은 사람을 설득하고 커뮤니케이션을 원활히 하기 위해서는 인간관계가 좋아야 한다.

⑥ 타의 추종을 불허하는 안목과 눈썰미

자신감과 파티를 사랑하는 열정이 뛰어난 것도 중요하지만 아무래도 파티는 눈으로 즐기는 것인 만큼 안목과 눈썰미가 요구된다. 파티 플래너 중에 미술을 전공한 사람이 많은 것도 이런 이유다.

영화의 파티 장면에서 포인트를 뽑아 머릿속에 저장하고 요즘 유행과 관심사에 따라 파티의 주제와 데커레이션을 정하는 능력, 이것은 하루아침에 이루어지는 것이라기보다는 끊임없이 보고, 느끼고, 아이디어가 쌓여서 이루어진 것이다.

⑦ 호텔과 같은 전문 서비스 정신

호스트는 일종의 특화된 서비스 직종이다. 파티에 온 손님들의 즐거움을 우선으로 하는 마음 자세가 플래너가 가져야 할 최고의 덕목이다. 오는 손님 모두 100% 만족시킬 수 있는 그 무엇인가를 준비해야 한다는 근성이 필요하다.

데커레이션 생화는 제일 싱싱한 것으로, 후식으로 제공되는 멜론은 비싸더라도 백화점에서 파는 것이 품질이 좋다고 생각되면 그렇게 준비를 하는 정신이 필요하다.

⑧ 올바른 커뮤니케이션 방식

클라이언트와 함께 작업을 하다 보면 반드시 의견 충돌이 생긴다. 이때는 나의 의도를 상대에게 제대로 전달하는 능력이 필요하다. 어떻게든 낮은 비용을 책정하려는 고객, 모든 기획과 연출을 무시하고 음식에만 주력하려는 고객 등 다양한 요구에 대해 가장 설득력 있게 나와 회사의 입장을 전달하는 능력이 필요하다.

사람을 대하고 커뮤니케이션을 담당하는 직업인으로서의 태도와 마음 자세가 가장 중요하다고 볼 수 있다.

⑨ 조직력 및 지도력

적재적소에 유능한 인재를 배치하여 조화시키고, 지휘 감독이 일사불란하게 이루어져야 한다.

⑩ 변수에 대응할 줄 아는 순발력

현장에서는 백발백중 예기치 못한 돌발 상황이 일어난다. 이때 파티에 참가한 고객들이 동요하지 않도록 조용히 분위기를 이끄는 순발력과 재치가 필요하다. 야외행사를 진행하기로 했는데 갑자기 비가 온다든지, 정전이 된다든지, 게스트로 섭외한 뮤지션이 펑크를 낸다든지 하는 돌발상황에 대해 제 3의 장소 물색, 전기 대신 사용할 조명기구, 뮤지션 외의 대안 프로그램 등의 준비성과 아울러 현장에서 필요한 것들을 동원할 수 있는 재치가 필요하다.

⑪ 낙천성

파티 진행 및 실행 시 부딪치는 많은 어려운 문제들을 긍정적으로 처리해야 한다.

⑫ 창조적 능력

독특한 테마의 개발 능력, 독창적인 연출 감각이 있어야 한다.

⑬ 수익 감각

예산 수립, 배분과 그에 따른 수익률에 대한 안목도 있어야 한다.

(2) 파티 플래너가 하는 일

파티 플래너들의 겉으로 보이는 외향적인 화려함 속에는 일반인들이 알지 못하는 여러 부분들이 있다. 파티를 성공적으로 끝낼 파티 플래너의 멋진 모습 뒤에는 파티를 준비하기 위해 장소 섭외, 정보 수집, 재료 준비, 기획 등 이리저리 뛰어다니고 밤을 새며 일하는 땀 흘리는 모습들이 있다. 성공적인 파티를 위해서 파티 관련 직업을 가진 담당자들의 프로페셔널한 역할이 필요하다.

파티 플래너는 파티를 기획 · 진행 · 마무리하는 일을 한다. 파티 총 기획자(총 연출자)라고 생각하면 된다. 파티를 직접 기획해서 회사의 이름을 내걸고 파티를 만들기도 하고, 외부에서 의뢰받은 파티에 대한 컨설팅을 주로 하기도 한다.

외부에서 파티를 의뢰하는 경우는 주로 자사 제품이나 컨텐츠에 대한 홍보용 파티이며 장소 헌팅, 하드웨어 세팅, 음악 부분 세팅, 파티 장식 등 모든 분야에 정성을 다해야 한다.

① 파티 주제와 프로그램 기획

파티에는 여러 가지 주제가 있다. 흔히 아는 크리스마스 파티나 생일 파티, 할로윈, 밸런타인데이, 회사 창립 기념 파티나 브랜드 런칭, 또는 돌잔치, 함들이, 베이비 샤워, 1000일 기념 등 다양한 주제의 파티가 있다. 의뢰자의 요구에 따라 어떤 주제로 갈 것인가 테마를 정해야 세부 사항을 결정할 수 있다.

예를 들어 화장품 브랜드에서 새로운 마스카라를 런칭할 때는 그 제품의 콘셉트가 무엇인지 파악하고 어떤 계층을 대상으로 어떤 점을 강조해야 할지 아웃트라인을 잡는다. 가령 초청 인사의 대부분이 나이 든 사람일 경우 점잖고 중후하게, 젊은 사람일 경우는 신선하게 간다는 기본 사항을 염두에 두고 전달할 메시지를 정하는 순서로 진행된다.

② 예산에 맞는 규모 설정

의뢰인이 요구하는 규모와 비용에 맞게 예산을 짠다. 이때 의뢰인과의 조율이 불가피하다. 파티의 질을 높이기 위해 부득이하게 포기해야 할 부분이 생기고 인원 수에 따라서도 파티의 질이 결정되기 때문에 파티 플래너와 의뢰인과의 의견 충돌은 불가피하다. 이런 경우 의뢰인을 설득하는 일도 아주 중요하다.

③ 장소 및 업체 선정

같은 비용이라도 의뢰인이 주력해 달라는 부분이 장소, 음식, 데커레이션 중 하나라면 그에 맞게 진행하면 된다. 데커레이션이나 현장을 화려하게 준비하고 음식을 간단히 차리든지, 장소를 비싼 곳으로 정했을 경우에는 음식을 저렴한 업체에 연결시키는 등 얼마든지 조율이 가능하다.

④ 현장 데커레이션 및 총 지휘

초대장을 발송한 날부터 파티가 있는 전날까지 현장에서 밤을 샌다 해도 과언이 아니다. 음악, 조명 등 현장 프로그램에 필요한 모든 장치는 물론 현장 데커레이션과 테이블 세팅 및 음식 준비가 파티 직전까지 완성되어야 한다.

⑤ 파티 진행

파티 플래너는 의뢰인이 파티를 원활하게 진행하며 즐길 수 있도록 보이지 않는 곳에서 지원해야 한다. 방문객들을 맞이하는 일이며 프로그램 진행 상황, 음식 서빙, 손님들의 불만 사항을 체크하며 별도의 진행을 위한 파티 호스트 역할까지 해내야 한다.

⑥ 파티 뒷정리

파티가 끝난 뒤 빈틈없는 마무리까지 파티 플래너의 역할이다. 한 번의 완벽한 파티 기획과 마무리는 다음 일과 연결되기 때문에 아주 중요하다.

(3) 파티 플래너의 전망

파티 플래너는 새로운 인기 직종으로 급부상하고 있고, 파티의 기획에서부터 파티 데커레이션, 최종 파티 서비스까지 파티의 처음부터 끝까지 모든 것을 책임을 지는 전반적인 파티 행사의 총 연출자로서 전망이 밝다.

한편, 인터넷이 발전하면서 인터넷상에서 동호회와 각종 모임들이 활성화되고 있고, 그것을 기반으로 오프라인상으로도 이러한 모임들이 옮겨오면서 시장은 무한하게 커지고 있는 상황이다.

앞으로는 직접 참여하고 싶어하는 사람들의 수요 증가로 인해 노력 여하에 따라 수많은 파티 기획과 개발이 이루어질 전망이며, 그로 인해 파티 플래너는 새로운 파티 문화의 선도자가 될 것이다.

2. 케이터링

1. 케이터링의 정의

케이터링(Catering) 서비스란 주방이 없는 곳에서 계획된 요리를 제공하는 종합 푸드 서비스이다. 굳이 해석하자면 단체 급식, 혹은 출장 연회 정도로 표현될 수 있는데 현장에서 직접 음식을 조리하기 때문에 소비자에게 신선하고 따뜻한 음식을 제공할 수 있는 것이 가장 큰 장점이다. 주방을 그대로 파티 장소로 옮겨서 요리하고 친절하게 서브하고 뒷정리까지 해주는 전문 서비스인 케이터링은 개업 · 가든 · 홈 · 어린이 생일 · 결혼 피로연 · 이벤트 파티 · 비즈니스 접대 등에 주로 활용된다.

이러한 케이터링 마케팅의 확산은 서구의 전유물로만 여겨지던 파티 문화의 확산과 여성의 활발한 사회진출에서 그 이유를 찾을 수 있다. 방문 손님을 치르는 일이 많은 우리나라 상황에서 잔치 준비에 많은 시간을 할애할 수 없는 여성 인구의 증가는 케이터링 서비스를 확산시키는 주요 계기가 되었던 것이다.

케이터링 사업은 고객과 업주를 동시에 만족시키는 윈윈(WinWin)마케팅의 하나다. 고객은 시간과 장소에 구애받지 않고 원하는 가격대에 원하는 콘셉트의 음식들을 맞춤 서비스로 제공받을 수 있고 업체는 기존의 사업체에 큰 부가적 투자 없이 신규매출 창출원을 개발할 수 있다.

과거에는 음식에 자신이 없는 새내기 주부나 직장 생활로 바쁜 주부들이 주고객이었으나 최근에는 기업의 시무식이나 종무식, 신규 브랜드 런칭회, 기타 각종 행사에 케이터링 서비스를 이용하는 사례가 증가하고 있다고 한다.

과거처럼 간단한 차와 음료, 과자 등을 준비하는 형태와는 달리 간단한 요리나 핑거푸드를 마련해 행사와 함께 식사를 해결할 수 있는 형태의 행사를 선호하는 추세가 확산되고 있다는 것이다.

투자와 운영 비용에 큰 차이가 없이 기존 사업과 케이터링의 병행이 가능한데 케이터링 행사장에는 최대한의 인원을 필요로 하는 것이 아닐 뿐만 아니라 만약 그러한 상황이라면 파트타임 아르바이트 인력을 이용하면 되기 때문에 인력 문제로 어려움을 겪을 일은 없다. 특히 이른 아침의 조찬행사나 오후 늦게까지 열리는 파티 등 정규 영업시간 외에도 매출을 올릴 수 있다.

모든 파티가 다 음식을 장만하는 사람의 소유 건물에서 베풀어지는 것은 아니다. 사실상 파티 준비 사업 중 가장 크고 번창하는 부분은 출장 파티, 즉 케이터링이다. 한정된 장소를 탈피하여 고객이 원하는 장소, 시간에 따라 행해지는 행사이므로 이 행사 역시 시장성이 무척 높은 파티이다.

출장연회는 보통 요리, 음료, 식기, 테이블, 비품, 글라스, 린넨 등 필요한 집기 비품들을 준비하여 고객이 지정한 장소로 운반, 고객이 만족할 만한 파티를 실시하는 것을 말한다. 사옥 이전, 준공식, 개관 파티, 가든 파티, 가족 모임, 결혼 피로연 등이 있다.

주최측이 자신의 건물에서 파티를 열고자 하는 여러 가지 이유가 있으므로 음식을 조달하는 사람이 있는 건물에 따라 파티의 형태, 스타일, 규모도 상당히 다양할 수 있다.

2. 케이터링 실무

21세기 이후 최근에 들어서는 각종 연회행사 사업 중 가장 각광을 받고 크게 번창하는 분야가 바로 케이터링이다. 케이터링은 일정 지역의 시설과 연회 주최자 자신의 의도에 따라 여러 종류의 행사가 있을 수 있다. 그리고 연회의 형태나 종류 및 진행 스타일이나 규모도 다양하다.

작은 규모로서 가장 간단한 케이터링의 한 형태는 일반 가정집의 조촐한 오찬 및 만찬 파티이고 가장 많이 베풀어지는 형태는 결혼 피로연, 수연, 백일, 돌잔치 등의 기타 가족 모임이다. 여러 기업체에서는 귀빈의 방문이나 개업식, 준공식, 출판 기념회, 무역 박람회 혹은 특별 행사에 참석하는 손님들의 접대를 위해 케이터링 행사를 진행하기도 한다. 특히 오늘날에는 사무실 이전이라든가 사옥 기공 및 준공에도 케이터링이 필수적인 행사의 하나로 자리 잡고 있다.

케이터링이란 연회행사를 부득이하게 호텔이나 일정한 외식업 시설의 연회장에서 하지 못하고 고객이 원하는 장소나 시간에 행하는 행사이다. 따라서 행사 진행을 위해 요리, 음료, 식기, 테이블 등 모든 호텔이나 외식업체의 기물을 고객이 원하는 장소에 운반하여 고객이 만족할 만한 연회행사를 실시하는 것이다. 그러므로 이러한 파티를 요구 받았을 때 연회 담당자가 제일 먼저 해야 할 일은 주방 요원과 함께 파티 현장에 가보는 일이다.

그 까닭은 주방의 규모와 활용 가능한 설비에 따라 어떤 음식을 제공해야 할 것인지 결정해야 하기 때문이다. 즉 케이터링 담당자는 주최자와 메뉴를 상의하기 이전에 현장을 방문하여 여러 가지 사항을 숙지함으로써 차질 없이 훌륭한 행사가 되도록 진행하여야 한다.

케이터링 서비스 분야의 일을 하기 위해서는 음식과 음료에 대한 지식과 서비스는 물론이고 식음료 경영에 관한 운영능력도 있어야 한다. 클라이언트의 의도와 목적을 파악한 후 만족을 극대화하는 것이 중요하며, 더불어 이윤창출도 중요하다.

회사에서 귀빈의 방문이라든지 무역박람회 또는 특별행사에 참석하는 손님들의 접대를 위해 출장파티를 요청하면 푸드 코디네이터가 제일 먼저 할 일은 셰프와 함께 파티장소를 사전답사하고 파티규모, 주방의 규모라든지 활용할 수 있는 설비에 따라 어떠한 음식을 제공하여야 할 것인지를 결정하는 것이기 때문에 주최자와 메뉴를 상의하기 이전에 방문하여 둘러보아야 하고, 엘리베이터 및 전기 이용 가능 여부, 차량 대기 장소, 약도 등을 사전에 파악하여야 하며, 야외에서 행사할 때는 우천시 대비책도 강구하여야 한다.

푸드 코디네이터는 케이터링 예약, 판촉, 서비스를 담당하며, 스태프를 리드하고 조화를 이루도록 해야 하고, 파티 업체의 운영 목표, 방침 등을 제시하고 통제해야 한다. 파티 업체의 서비스 표준(standard)을 수립하여 이행하도록 하고, 관리하려면 조직이 적정 규모로 운영되도록 노력해야 한다. 또 직원, 스태프들의 정기적인 교육과 훈련이 필요하다.

파티 예약 시 클라이언트가 원하는 날짜를 제시하거나 푸드 코디네이터가 제안하는 날짜에 맞춰 업체의 능력을 감안하여 날짜와 시간을 체크한다.

날짜와 시간이 확인되면 클라이언트가 원하는 장소와 파티 규모, 콘셉트에 맞는 장소를 섭외하여 제안한다. 장소가 확정되면 예산안에 맞춰서 메뉴, 스타일링, 파티 이벤트, 홍보 예산을 기획한다.

메뉴 예산안 협의 시에는 정확한 게스트의 수를 예측하기 어려우므로 파티 날짜에 맞춰 게스트 인원을 정확히 체크하는 것이 중요하다. 스타일링 예산에 따라 파티 장소의 꽃 장식, 배너, 아이스 카빙, 풍선, 조명 시설 등 데커레이션이 결정되고, party identity에 따라 파티 공간에 설치할 배너의 컬러, 디자인을 결정한다. 이때 파티 주최자의 기업 단체 로고나 문구를 미리 체크하여 오 · 탈자의 실수를 예방하여야 한다.

파티 이벤트 예산에 따라 음악 연주가, 사회자(MC), 가수 등의 엔터테인먼트 여부를 결정한다. 파티 홍보 예산에 따라 티켓 및 홍보물을 제작하고 가장 효과적인 노출 매체를 선정하여 최대의 효과를 내도록 한다.

대표적인 케이터링의 형태는 결혼 피로연, 생일 파티, 기타 가족 모임 등의 개인적인 모임과 기업체에서의 사무실 이전, 개업 축하연, 귀빈 방문, 무역 박람회 등이 있다.

3. 메뉴 계획

메뉴란 외식업체에서 제공되는 식음료의 품목과 형태를 체계적으로 짜놓은 것으로서 차림표 또는 식단이라고 한다. 즉, 고객에게 제공되는 식음료 서비스의 가치와 품목을 작성한 것으로 고객으로 하여금 정보와 조건을 쉽게 알 수 있도록 한 것이다. 메뉴는 시대가 변화함에 따라 점점 더 다양화 · 고급화 되는 추세이며 외식업체는 단순한 정보만을 제공하는 역할에서 벗어나 판매 촉진의 매개체로서 외식업체 경영에 없어서는 안 되는 중요한 역할을 수행하고 있다.

파티를 기획할 때는 파티의 성격에 맞는 모든 메뉴의 개발이 필요하고 파티 기획업체의 경영 정책을 반영하여 판매 계획을 수립하고, 메뉴 분석 후 판매되는 순환적 역할을 하는 동시에 판매 촉진의 도구로 사용하도록 제작되어야 한다.

메뉴 계획이란 고객의 건강, 기호, 문화, 경영, 환경을 모두 고려하여 단품의 요리이거나 코스 형태의 요리를 조화롭게 조합하는 것이다.

메뉴를 계획 · 개발하면서 고려해야 할 중요한 요인을 살펴보면 첫째, 고객의 소비 심리를 파악하고, 둘째, 파티의 특성을 고려하여야 하며, 셋째, 파티의 고객 타깃(target)이 설정되어야 한다. 그 밖의 요인으로는 판매전략상 메뉴개발 또는 메뉴의 단가를 결정하면서 객단가를 고려하는 전략 등이 있으므로 이러한 요인들을 포함하여 새로운 메뉴 개발을 하여야 한다.

(1) 영양균형과 안전

영양소를 고르게 섭취할 수 있도록 하기 위해 식품의 영양 성분이 비슷한 것끼리 모아서 그룹으로 정리해 놓은 식품 구성 성분표를 이용하는 것이 좋다. 될 수 있는 대로 한 번의 식사에서 여러 종류의 식품을 골고루 섭취하도록 하고, 또한 음식 색의 조화를 고려하여 식감을 살리는 것도 중요하다.

독신자, 일하는 여성의 증가 등의 사회적 변화에 따라 소비자들에게 외식은 특별한 날의 식사가 아니라 일상식으로 자리매김하고 있다. 때문에 영양적 균형은 메뉴 계획에 있어 가장 중요한 문제가 되고 고령화에 따른 성인병 치료와 예방 메뉴, 유기농 원료 사용 메뉴 등 건강상 차별화된 메뉴의 개발도 요구된다.

현대인은 다양한 질병과 너무 많은 영양섭취로 인한 비만에 상당한 관심을 가지고 있으며, 화학 약품을 사용한 원재료나 유전자 변형의 원재료가 많아 식재료에 대한 관심도 높아지고 있다. 따라서 고객은 항상 칼로리와 위생에 관한 의심을 가지고 메뉴를 주문하는 경우가 많으므로, 저칼로리 또는 다이어트 메뉴를 한 가지 이상 개발하거나 청정 원재료를 사용한 메뉴 개발에 중점을 두어 고객의 욕구에 따르는 것이 좋다, 물론, 이러한 메뉴는 영양학적으로 입증할 수 있어야 한다.

또, 식중독이 점점 증가하는 추세인 점을 심각하게 고려하여 식품을 선택, 조리할 때 철저한 위생 관리와 안전 관리를 하고, 식염이나 지방 등을 지나치게 사용하지 않도록 한다.

(2) 계절감을 살리는 식재료

원래 우리나라 사람들은 사계절의 변화에 민감하기 때문에 식재료로 계절감을 표현해야 한다. 제철인 식재료를 사용하는 것은 물론이고, 여름은 차가운 맥주에 어울리는 일품 요리, 겨울에는 몸이 따뜻해지는 국물 요리 등 계절감을 살리는 음식의 제안도 필요하다.

(3) 색채감과 아름다움을 살린 상차림

요리의 맛은 물론, 상차림이나 테이블 세팅도 중요한 요소이다. 그릇과 식재료와의 색채 조화, 가정 요리와는 차별되는 아름다운 상차림, 식사의 광경이 마치 연출되는 듯한 느낌 등 미적 요소들이 다양하게 요구되고 있다.

(4) 적정한 가격 설정

메뉴 개발에서 가격 설정은 특히 중요한 포인트이다. 식재 원가율, 인건비율을 고려한 후에 손님에게 적정 가격을 느끼게 하기 위한 코스트 퍼포먼스를 고려해야 한다.

(5) 원활한 오퍼레이션의 실현

오퍼레이션(operation)이란 항상 균질한 서비스를 제공하기 위한 파티 운영의 조직을 말한다. 어느 메뉴를 제안할 때 '조리에 임하는 사람이 전문가인가 아르바이트생인가', '주방기기나 식기는 모두 갖추고 있는가' 등을 고려해야 하며, 실제 조리나 서비스의 흐름에 의한 메뉴를 고려하지 않으면 안 된다.

실제로 주방의 조리 기구나 조리 기계의 가격이 너무 높아 주방 설비를 제대로 갖추지 않고 경영하는 업체들이 많다. 그러나 주방 설비를 고려하지 않은 메뉴를 개발하면 음식의 맛을 떨어뜨리고 고객으로 하여금 새로운 메뉴에 대한 실망감을 줄 수 있으므로 메뉴를 개발하기 전에 주방 설비를 고려하여 조리할 때 음식의 맛이 제대로 나도록 해야 한다.

(6) 식재료의 안전한 공급

새로운 메뉴에 필요한 식재료를 기존의 납품업자에게서 구입할 것인지 신규 업자를 개척할 필요가 있는지, 또 산지에서 직접 구입할 것인지 등의 조달방법을 검토한다. 다점포 전개를 하고 있는 체인점의 경우, 식재료 공급을 위한 물류 시스템의 구축이 필요하다.

메뉴를 개발할 때 재고 관리도 고려해야 하는데, 같은 재료를 사용한 메뉴를 다양하게 개발한다면 재료의 재고를 현저하게 줄일 뿐만 아니라 경영에도 큰 영향을 줄 수 있다. 원재료 구매가 지속적으로 조달 가능한지 또는 조달이 어려운 원재료가 있는지를 파악하는 것도 중요하다. 최소의 원재료를 재고로 할 수 있고, 재고가 줄어든 만큼의 재원을 다른 곳에 활용할 수 있는 이점이 있다.

(7) 마케팅을 고려한 메뉴개발

메뉴 마케팅을 고려하여 메뉴를 개발하여야 한다. 최근에 업체들은 메뉴도 마케팅의 한 수단이라고 느끼고 있기 때문이다. 따라서, 이벤트화할 수 있는 메뉴를 개발하는 것이 중요하다. 고객의 수준이 향상되고 양적인 면보다 질적인 면을 중요시하는 고객이 점차 증가하므로 이제는 단순히 주방에서 조리하여 서비스하는 메뉴보다는 이벤트적인 메뉴 개발이 필요하다.

또, 어떤 상품을 주력 상품으로 판매할 것인가에 중점을 두고 메뉴 개발이 이루어져야 한다. 판매를 촉진하기 위하여 전략상 기획 메뉴를 만들 필요가 있는데, 두 가지 이상이 혼합된 메뉴를 상품으로 만드는 것이 유리하다.

tip 출장 파티 준비 시 유의사항

- 출장 가능한 요리와 불가능한 요리가 있으니 특별한 경우 외에는 모두 출장이 가능해야 하며 출장 장소의 주방 시설과 수도 시설 유무에 따라 요리를 조절하여야 한다.
- 소수의 인원을 위하여 출장 파티를 할 수는 있으나, 요리 가격이 변수로 크게 작용하므로 일정한 인원을 약속받아서 확실한 출장이 되도록 한다.
- 출장비는 식대 이외의 것에 청구한다. 운반비, 인건비, 기물비 등을 감안하여 파티의 규모, 준비 내용, 출장 장소의 거리에 따라 출장비를 정한다. 특히, 장거리 출장 연회일 경우 숙박비, 식대까지 계산하여 출장비를 정한다.

4. 와 인(Wine)

와인은 인류에게 있어서 가장 오래된 약이라고 일컬어진다. 이른바 술이 우리 인생에 즐거움과 유익함을 동시에 가져다 준다는 것은 극히 드문 일이다. 이러한 이유 때문에 전통적으로 와인을 마셔오지 않던 아시아 지역까지 와인을 적극적으로 마시게 된 것으로 볼 수 있다.

(1) 와인의 분류

생산국에서의 포도주에 대한 법적 정의는 '신선한 포도 또는 포도 과즙의 발효 제품'으로 되어 있고, 다른 과실 제품은 이에서 제외시킨다. 다른 것을 첨가해서 가공한 포도주에 대한 정의는 여러 나라가 반드시 일치하지는 않으나 주세법에서 '과실주' 및 '감미과실주'로 분류한다.

색상에 따른 분류로는 적색의 레드 와인, 백색의 화이트 와인, 분홍색의 로제 와인, 진한 노란빛을 띤 옐로 와인(Vin Jaune), 초록빛을 띠는 그린 와인 (Vine Verdelho Wine) 등이 있으며 단맛 정도에 따라 드라이(dry) 와인과 스위트(sweet) 와인, 숙성기간에 따라 영(young) 와인과 올드(old) 와인으로 구분한다. 농도가 진한 것을 헤비(heavy), 연한 것을 라이트(light) 와인이라 부르기도 한다.

(2) 와인 라벨 읽기

라벨을 제대로 익히면 와인을 따르기 전 많은 것을 알 수 있다. 그러므로 라벨을 제대로 읽는 것만으로도 다양한 종류의 와인 중에서 마음에 드는 것을 선택할 수 있다.

앞 라벨은 유럽연합(EU)의 법에 따라 다음과 같은 정보를 기재한다.
EU에 속하지 않은 국가의 법규는 표준과 다를 수 있다.

- 품질 등급
- 원산지
- 알코올 함유율
- 빈티지 연도(해당되는 경우)
- 생산자(또는 병입한 자)의 이름과 주소
- 병의 크기(용량)

이와 함께 생산 국가의 명칭이 있어야 하고 테이블 와인 등급으로 구분된 와인은 빈티지를 기재할 수 없다. 그런데 와인 생산자들은 이러한 기재사항이 디자인에 방해가 된다 하여 뒷 라벨을 따로 붙인다.

(3) 프랑스의 와인 등급

프랑스는 몇 가지의 법을 통해 포도 재배 및 와인 제조를 강력히 통제하고 있다. 와인의 등급은 라벨에 표시된다.

● 아펠라시옹 도리진 콩트롤레 (Appellation d' Origine Controlee : AOC)

'원산지 통제 호칭법'에 의해 생산된 최상급 와인을 AOC 와인이라고 한다. 포도 품종 재배법, 알코올 최저 도수 생산량 양조법 등을 엄격하게 제한하기 때문에 품질이 뛰어나고 지역별 개성이 뚜렷하게 살아 있다. 라벨에는 APPELLATION 지역명 CONTROLEE의 형태로 표시되어 있다.

● 뱅 델리미테 드 칼리테 쉬페리에 (Vin Delimite de Qulite Superieur : VDQS)

'우수한 품질의 와인'이라는 뜻으로, AOC 와인에는 미치지 못하지만 훌륭한 수준의 와인이다. VDQS 지정을 받기 위해서 와인 생산업자들은 AOC에 버금가는 엄격한 규칙을 지켜야 한다.

● 뱅 드 페이 (Vin de Pays)

프랑스 컨트리 와인이라고도 부른다. 좀 덜 유명한 지역에서 생산되는 지방 와인으로 그 지역의 특색이 잘 나타나 있다. 싼값에 AOC처럼 개성 있는 맛을 즐길 수 있다.

● 뱅 드 타블 (Vin de Table)

비싸지도 않고 오래 저장하지도 않은 일상주 스타일의 와인으로 원산지가 다른 몇 가지 와인을 섞어 만든다. 개성은 덜하지만 다양한 사람의 입맛에 두루 잘 맞는다.

tip 프랑스 와인 라벨 읽기

라벨에는 그 와인의 특유 정보가 수록되어 있다. 프랑스 와인은 특히 그 지역에 따라 자신이 어느 포도 생산지에서 나온 포도로 만들었는지를 나타내는 포도 생산 지명을 나타낸다.

와인 등급을 나타내는 3의 자리에는 와인의 등급을 나타내는 그랑크뤼(Grand Crus), 프르미에 크뤼(Premier Gru) 등을 쓴다.

1. 빈티지
2. 와인 이름
3. 등급
4. 원산지
5. 생산자명
6. 포도 품종
7. 병입 장소
8. 생산 국가
9. 용량
10. 알코올 함유율
11. 와인 종류

(4) 와인 도구와 소품

● 디캔터(Decanter)

와인 본연의 향과 맛을 느낄 수 있게 해 주며, 병 속에 있을지 모를 침전물을 걸러 내는 데 도움이 된다. 고급 와인일수록 디캔팅하는 것이 좋다. 보통 30분 내지 한 시간 전에 미리 디캔터에 담아 놓는다.

● 코르크 스크류(Cork Screw)

손잡이를 돌리면 코르크가 스크류를 따라 올라오면서 와인을 오픈하는 제품이다.

진공 펌프 & 스토퍼 (Vacuum Pump & Stopper)

코르크 리트리버 (Cork Retriever)

● 종류에 따른 글라스

와인은 튤립 모양에 다리가 긴 전용 글라스를 사용한다. 위로 갈수록 통이 좁아지는 것은 와인 향기를 오래 유지하기 위해서다. 다리 부분이 긴 것은 손의 온도 때문에 와인이 따뜻해지는 것을 방지하기 위해서이다. 와인 글라스는 투명한 것이 대부분이지만 라인 와인이나 화이트 와인은 색조를 강조하기 위해 색깔 있는 글라스에 따라 마시기도 한다.

레드 와인 글라스

스파클링 와인 글라스

스위트 와인 글라스

화이트 와인 글라스

● 와인 버킷(Wine bucket)

얼음을 넣은 후 와인 병을 담아 두는 것으로, 와인을 마시는 내내 시원하게 즐길 수 있다. 화이트 와인이나 아이스 와인, 샴페인 등 낮은 온도로 즐기는 와인일 경우에 사용한다.

와인 랙 (Wine rack)

코르크가 건조해지지 않도록 병목 방향으로 뉘어서 보관 및 진열할 수 있다. 가정에서도 적당히 작은 제품으로 구비해 두면 고급스러운 분위기를 연출할 수 있다.

(5) 와인과 식재료의 궁합

① 치즈

치즈는 단백질, 지방, 칼슘 등이 풍부한 고열량 식품이면서 소화가 잘 된다는 특징이 있다. 포도나 포도주에 있는 마그네슘이 치즈의 철분 흡수를 도와준다.

와인과 함께 먹음으로써 맛을 돋워 주고 와인 특유의 떫은 맛을 줄일 수 있으며 또한 와인은 입 안에 남은 치즈 향을 없애 준다.

② 돼지고기

키안티(Chianti)나 보졸레 크뤼(Beaujolais Cru) 혹은 차갑게 준비한 드라이 리슬링(Riesling)과 매치하면 좀더 재료의 향과 풍미를 느낄 수 있을 것이다.

③ 쇠고기

전통적인 카베르네 쇼비뇽(Cabernet Sauvignon)과 등심의 배짱 두둑해 보이는 매치는 피할 수 없는 대결인 것 같다. 시라(Syrah) 혹은 메를로(Merlot) 와인과의 매치도 만만치 않지만 고기를 날 것에 가깝게 익혀낼수록 무게감 있는 와인과 잘 어울린다. 불에 오래 구운 고기일수록 또는 스테이크의 두께가 얇을수록 가벼운 와인이 어울릴지 모른다.

바싹 구운 고기나 얇게 썬 불고기는 보르도(Bordeaux) 와인이나 이탈리아 키안티와 어울리고, 찜 요리 등으로 조리된 경우라면 코트 드 론 빌라주(Cotes du Rhone Villages)나 아르헨티나의 말벡 품종과 어울린다.

④ 닭고기

닭고기는 모든 와인과 또 어떤 식재료와도 훌륭하게 매치되는 재료다. 그러므로 닭고기 그 자체보다 닭고기와 곁들이게 되는 음식에 따라 와인을 결정하는 것이 현명할 듯하다. 가벼운 보르도 와인 혹은 피노 그리스(Pinot Gris) 계열의 와인이 닭고기와 좋은 매치를 이룬다.

⑤ 소시지/햄

수제 소시지나 햄 등은 일반 가정에서 가볍게 준비할 수 있는 와인 안주다. 소시지나 햄에 곁들이기에 적당한 와인으로는 보졸레 빌라주(Beaujolais Villages)나 발포리첼라(Valpolicella)가 적절하다.

⑥ 오리고기

프랑스인들은 오리고기를 굉장히 좋아한다. 오리고기는 전통적으로 피노 누아 품종과 좋은 궁합을 이룬다. 또한 요리 방법에 따라 콩휘(저온에서 조리한 요리)나 오리 캐서롤(오리전골 요리)의 경우는 랑그독(Langhedoc) 지방의 캐릭터 있는 레드 와인이나 묵직한 풀보디(full-bodied)의 레드 와인이 좋다.

⑦ 과일

사과, 배, 살구, 복숭아 등의 과일들은 와인과 좋은 매치를 보인다. 소테른, 레이트 하베스트 세비용(Late Harvest Semillon), 그리고 쇼비뇽과 함께 하면 한층 기분이 좋으며 감귤류나 치즈 같은 유제품과 같이 즐기면 부담이 없어서 좋다. 과일을 넣어 함께 조리한 고기 요리에도 잘 어울린다.

⑧ 피자

피자는 와인과 매치시키기 정말 어려운 것 같다. 대개 피자는 맥주와의 매치를 연상하게 된다. 피자의 토핑 재료인 토마토에 함유된 산과 달콤함이 오히려 무뚝뚝한 맥주와 잘 어울리기 때문이다.

하지만 진판델(Zinfandel) 계열의 와인은 가볍고 깔끔한 뒷맛, 과일의 향과 스파이스, 후추의 향이 피자와 꽤 잘 어울린다.

시칠리안(Sicilian) 와인의 경우 소시지나 양송이버섯과 좋은 매치를 이룬다. 프랑스 알자스 지방의 피노 그리스(Pino+Gris) 계열은 구운 야채가 얹힌 피자와 궁합이 맞으며, 우리나라엔 아직 생소한 오스트리아의 그루너 벨트리너(Gruner Veltliner)는 아스파라거스 피자와 맛있는 매치를 이룬다.

이탈리안 가비 품종, 샤르도네 등도 피자와 함께 즐길 수 있는 신선하고 산뜻한 맛의 와인이다. 특히 이탈리아 키안티의 독특한 캐릭터는 피자의 토마토 소스와 적절한 매치를 이룬다.

⑨ 샐러드

야채만으로는 와인을 즐기기 부적절하지만, 치킨이나 햄 등을 곁들인 샐러드의 경우 드라이한 화이트 와인, 로제 와인 등과 같이 먹을 수 있다. 단, 비네그렛 중심의 드레싱이 더해진 샐러드라면 와인과의 매치가 어려우니 참고해야 한다.

⑩ 소스류

소스는 어떤 재료로 만들었느냐에 따라 맛에 어울리는 와인도 크게 다르다. 크림과 버터를 주재료로 만든 소스는 샤르도네와 어울린다. 풍부한 식감을 주는 소스일수록 비오니에(Viognier)나 좋은 품질의 체닌 블랑(Chenin Blanc)이 잘 어울린다.

토마토로 만든 소스는 이탈리안 레드 와인과 가장 적절한 매치를 이루며, 바베라(Barbera)나 신소베제(Sangiovese)와도 무난하게 어울린다. 흙 냄새 그윽한 베르디치오는 열을 가하지 않은 카프레제 샐러드 등과 잘 어울린다.

바비큐 소스와 와인은 어울리지 않지만 완연히 익은 진판델, 시라즈, 칠레의 카베르네 품종 등과는 조화를 이룬다.

⑪ 생선

구운 생선은 드라이한 샤블리(Chablis)나 스페인의 알바리노(Albarino), 소비뇽 블랑과 잘 어울린다. 반대로 기름진 생선(방어, 참치 대뱃살 등)이나 버터와 기름을 넣고 조리한 생선의 경우는 샤르도네가 더 어울린다. 양념에 재거나 향이 강한 허브를 쓴 생선 요리는 경쾌하며 여성스러운 피노 누아가 제격이다.

3. 풍선 아트

1. 풍선 장식 기초 도구

① 손 펌프(공기 주입기)

요술풍선 160, 260이나 5인치 라운드 풍선을 불 때 사용되며 누구나 쉽게 사용할 수 있다.

② 전기 펌프(Inflator)

'팽창기'라는 뜻으로, 전기로 내부 모터를 작동시켜 바람이 나오도록 되어 있고 많은 양의 풍선을 불 때 사용하면 편리하며 크기가 작아 이동이 간편하다.

③ 사이저

풍선을 같은 크기로 만들 때 사용하는 도구로 막대 사이로 풍선을 통과시켜 사용하며, 눈금이 있어 원하는 사이즈를 정할 수 있다.

④ 헬륨 탱크

헬륨가스를 충전해 사용하는 용기로 대, 중, 소로 구분된다.

⑤ 헬륨가스

풍선을 공중에 띄우기 위해 사용되는 무색무취의 가스로 폭발의 위험은 없으나 가격이 비싸다.

⑥ 헬륨통 안전 스탠드

헬륨통을 받치는 받침대로서 고압의 헬륨통을 세워져 있는 상태에서 잘 고정시켜 넘어지지 않도록 한다.

⑦ 헬륨 코팅제(Hi-Float)

풍선 내부를 코팅하는 것으로 풍선의 부상 시간을 약 3배 정도 높일 수 있다.

⑧ 라텍스(Latex)

천연 고무나무에서 채취한 순 식물성 원료이므로 자연에 생분해되는 자연친화적인 소재이며 라텍스로 만든 고무 풍선은 헬륨가스 보존력이 우수하고 질기며, 신축성이 뛰어나 안료를 이용해 다양한 색상을 만들 수 있다.

⑨ 매직 풍선

길게 만들어진 풍선으로 동물, 꽃 등 다양한 모양을 만들어 낼 수 있다. 크기는 160, 260, 350, 321, 646 등이 있다.

⑩ 원형 풍선(Round Balloon)

둥근 풍선을 말하며 크기는 제조회사에 따라 5, 9, 10, 11, 12, 16, 18, 24, 3pt가 있다.

⑪ 은박 풍선(Microoil Balloon)

포일 풍선이라고 불리는 풍선의 한 종류로 한 쪽 면은 폴리에틸렌으로 처리되고 다른쪽 면은 얇은 포일로 된 2겹의 마이크로 포일(microfoil)이란 재질로 만들어졌다. 신축성은 없지만 선명한 칼라 표현이 가능하고 헬륨 보존력이 고무풍선보다 우수하며 온도와 고도에 민감하고 열 및 전기 전도성이 있어 주의하여야 한다.

2. 풍선 장식 스타일

① 듀플릿(Duplet)

원형 풍선 2개를 한 매듭에 두 번 돌려 매듭지은 것으로 풍선 장식의 가장 기초과정이다. Pair 또는 Duplicate, 두 송이라 한다.

② 트리플릿 (Triplet)

듀플릿 풍선에 원형 풍선 1개를 한 매듭에 매듭지은 것으로 3개의 풍선을 한 매듭으로 만드는 것을 말하며 세 송이라 한다.

③ 클러스터 (Cluster)

듀플릿 풍선 두 개를 서로 마주 꼬아 풍선 4개를 하나로 만드는 것으로 풍선 아트를 하기 위한 가장 기본적인 단위이다.

④ 5 클러스터 (5 Cluster)

듀플릿과 트리플릿을 서로 마주 꼬아 풍선 5개를 하나로 만드는 것으로 원형 모양에 가깝다.

⑤ 검볼 (Gumball)

클리어 풍선 안에 작은 풍선을 여러 개 넣어 묶어 주는 것을 말한다.

⑥ 더블 버블 (Double bubbles)

풍선 안에 풍선을 넣고 겉 풍선을 조금 분 후 안의 풍선을 불어 함께 묶는 것을 말한다.

⑦ 겹풍선 (Double-stuff balloon)

풍선 안에 다른 풍선을 넣고 안쪽 풍선을 불어서 두 겹이 된 풍선을 말한다. 기존 풍선이 가진 칼라 외에 다른 색을 만들 수 있으며, 여름철 풍선의 공기가 빨리 빠지는 것 또한 방지할 수 있다.

⑧ 가랜드 (Garland)

클러스터 된 풍선을 여러 개 단을 쌓아 엮어 긴 기둥 형태를 만드는 것을 말하며 사각 가랜드(Alternative size square packed garland), 듀플릿 스퀘어팩 가랜드(Duplet square packed garland) 등이 있다.

⑨ 스웨그 (Swag)

천장에서 좌우로 꽃줄처럼 길게 늘어뜨려 놓은 장식 형태를 말한다.

⑩ 스파이럴 (Spiral)

두 가지 이상의 컬러로 클러스터를 만들고 꽈배기 모양으로 엮어 가는 방법으로 클래식 데커레이션에 가장 많이 사용하는 패턴이다.

⑪ 아치 (Arch)

클러스터 9인치 크기로 약 30 ~ 45단을 엮어 반원 모양으로 세워 놓은 것으로 오픈 행사 장식에 주로 사용하며 6m 아치폴대와 물통이 있어 쉽게 제작할 수 있다.

⑫ 어레인지먼트 (Arrangement)

풍선 이외에 다양한 오브제나 꽃을 이용하여 테이블 장식이나 웨딩 부케를 더 보기 좋고 예쁘게 배열한 것을 말한다.

⑬ 테이블 센터피스 (Table Centerpiece)

연회장의 테이블 중앙에 풍선으로 장식한 것으로 사방에서 볼 수 있도록 디자인한 것으로 센터피스의 크기와 헬륨 풍선을 매달았을 때 높이는 마주보고 있는 사람들의 시선을 방해하지 않아야 한다.

⑭ 퍼프볼 (Puff Ball)

듀플릿 6개 즉 풍선 12개를 불어 엮어 하나의 원형 모양을 만든 것으로 벌룬볼이라고도 하며 돌장식 스탠딩 같은 경우처럼 천장에 낚싯줄로 매달아 장식한다.

Part 5
외식 산업과 푸드 코디네이터의 전망

1. 외식산업의 이해

외식산업의 시장 규모는 1990년대 이후부터 괄목한 만한 성장을 거듭하고 있다. 다른 산업과 비교해도 푸드 비즈니스 산업이 매우 큰 시장을 형성하고 있는 것을 알 수 있다.

우리나라의 푸드 비즈니스 산업은 한국인의 식생활의 서구화와 시장규모의 확대로 내용도 크게 변화하였다. 가족이 전부 모여 레스토랑에서 식사하는 것은 예전에는 특별한 날의 행사였지만 현대에 와서는 외식이 일상적인 생활의 하나가 되었다. 식사의 장소가 가정에서 밖으로 넓어지는 '식의 외부화'는 경제 성장에 의한 가정 생활수준의 향상과 함께 확대되었다.

외식공간은 생활의 윤택함을 느낄 수 있는, 우리 주변에 존재하는 친근한 장소가 되었고 서양식 식습관의 조성과 함께 가정외부에서 식사를 즐기는 외식문화 자체가 하나의 레저가 되었다.

핵가족과 단신 세대가 늘어나면서 가정 내에서도 가족이 따로 식사를 하게 되었다. 여성의 사회 진출에 의해서 가사 노동의 간편화, 외부화가 추구되었으며 모터리제이션(motorization)의 발전에 의해 교외의 주택에서도 차가 있으면 가볍게 외식을 하러 나갈 수 있게 되었다.

2000년대 이후의 외식산업은 성숙기에 접어들어 한층 더 심각화하는 불황도 겹쳐져서 시장은 마이너스 성장으로 전락했다. 또한 이 시기에 편의점이나 포장되는 반찬, 택배 피자, 초밥 등의 중식이라 불리는 시장이 기반을 형성하여 새로운 푸드 비즈니스의 일각을 담당하게 되었다.

우리들은 지금 다양한 가치관이 존재하는 시대에 살고 있으며 라이프 스타일도 획일적이지 않고 매우 복잡하고 다양하게 전개되고 있다. 음식문화산업 또한 이러한 시대의 흐름 속에서 급격하게 변화하고 있는 시점이며, 고부가가치 창출을 위해 일하는 것이 바로 푸드 코디네이터의 역할이다. 이는 각 음식 분야를 하나로 연결시켜 음식문화산업의 발전을 도모하는 데 중요한 역할임을 인지할 필요가 있다.

1. 외식산업의 특성

- 요리/음료 제공을 상품화하는 것
- 서비스 장소 제공을 상품화하는 것
- 영업입지가 고정화되어 있을 것
- 다량의 선행투자를 필요로 할 것
- 캐퍼시티(면적, 좌석 수)가 고정되어 있을 것
- 공급 시간 · 시기에 제약이 있을 것
- 손익분기점이 높을 것 (원가, 인건비, 임대료 등이 클 것)
- 시설의 진부화 · 열화의 우려가 클 것

2. 외식산업의 구성요소

(1) 콘셉트

'어떤 특징의 레스토랑을 만들까?' 라는 방향과 특성을 말한다. 예를 들면 가족들이 좋아하며 일상적으로 이용할 수 있는 식당, 미국과 유럽의 라이프 스타일을 느낄 수 있는 레스토랑, 부담없는 가격의 식재료를 사용하여 저렴한 요리를 제공하는 식당, 레저 감각으로 즐길 수 있는 레스토랑, 서비스가 좋은 식당 등등 경영자나 운영자의 가치관과 방향을 표현한 것으로 영업정책이나 콘셉트는 영업계획의 기본이 되는 것이다. 이 부분들이 확실하게 되어 있지 않으면 손님들이 매력을 느낄 수 없는 가게가 된다.

(2) 입지

앞의 사업의 특성에서도 이야기했지만 영업장소가 고정되어 있는 외식산업에서 입지는 어떤 의미에서 가장 중요하다. 당연한 이야기겠지만 입지에 따라서 주고객층이 달라지고 그 손님층에 따라서 상품 내용 · 가격 · 판매방법 등이 달라진다.

인근환경을 포함해 해당입지는 어떤 특성을 갖고 어떤 계층이 어느 정도 오가는지를 파악해야 한다.

(3) 입지와 객층 유형 집객평가의 예

① 비즈니스 타운 : 비즈니스맨/ 회사 이용객
평일 점심시간은 성황, 밤엔 일찍 손님이 끊기고 사무실이 쉬는 주말은 극단적으로 한산하다.

② 번화가 : 쇼핑객, 레저 손님, 커플/ 그룹 손님
평일과 낮엔 좋지 않지만 그 외의 시간은 비교적 양호하다.

③ 도심 터미널 : 통근/ 통학 여행객
하루 종일 손님은 계속해서 들어오지만 저녁 손님은 뜸하다.

④ 학원가 : 학생, 연구자, 교직원
온/오프의 차이가 심하고 주말, 방학 등의 오프가 많다.

⑤ 교외 역 : 인근 주민, 인근 기업 통근자 차, 고령자
승강객 수나 인근 시설 등에 따라 다르다.

⑥ 교외 길가 : 인근 주민, 차의 통과객
차의 통과량에 따라 다르며, 심야까지 집객이 가능하다.

⑦ 복합시설 : 시설 이용자/ 내방자
지역 내의 시설 내용에 따라 다르다.

⑧ trend spot : 레저 객, 커플, 쇼핑 객, 자유업
평일 낮, 주말에 성황을 이룬다.

⑨ 주택가 : 인근 주민, 전업 주부, 젊은층, 고령자
주로 거주자의 연령 · 직업 · 수입 등에 따라 다르다.

(4) 외식산업의 마케팅

마케팅은 푸드 비즈니스 업계뿐만 아니라 여러 업계에서 자주 사용되는 말이다. 마케팅은 유통전략 · 시장조사 · 판매촉진 등 사람이나 입장에 따라 그 의미가 조금씩 달라질 수 있다.

의미의 범위가 매우 넓다보니 상품을 보다 효과적으로 판매하기 위해서는 먼저

'시장 전략 - 시장을 어떻게 생각하는가?',

'가격 전략 - 가격을 어떻게 설정하는가?',

'유통 전략 - 어떠한 루트로 판매하는가?',

'판매 전략 - 광고 선전은?' 등의 프로세스가 필요하다. 소비자가 무엇을 원하고 요구하는지를 명확히 조사하고 파악해서 팔릴 만한 상품을 개발하여 효과적으로 판매하는 것을 마케팅이라고 하는 것이다.

3. 마케팅의 4P

● 제품(Product)

얼마나 소비자의 요구(needs)에 매치하는 것을 기획/개발해서 파는가를 의미한다.

● 가격(Price)

소비자에게 어느 정도의 가격이 적당한지 원가에서 상품의 가격을 계산하는 것만이 아니라, 점포를 내는 상점의 콘셉트, 메뉴 작성, 상품 개발 등을 정할 수 있다.

● 장소(Place)

파는 쪽과 사는 쪽이 모여드는 장소를 의미한다. 필요한 때는 필요로 하는 장소에 필요로 하는 만큼의 양을 내기 위한 전략이 필요하다. 식재료나 식기 포장 재료 발주지의 선정과 그 운송 수단 체인점의 경우는 방대한 재료를 어디서 구입해서 어디서 가공하고 누가 배송하는가 등 유통 시스템의 구축도 요구된다.

판매촉진(Promotion)

소비자에게 상품의 존재를 알려서 구입행동을 환기시키기 위한 전략, 다시 말하면 보다 좋은 상품을 개발해서 팔리는 가격을 설정하여 효율적으로 유통시키고 효과적인 광고활동으로 판매촉진을 한다는 것이 마케팅의 기본으로, 4P에 관계 있는 4개의 전략을 잘 조합해서 전략을 전하는 것을 마케팅 믹스(marketing mix)라 한다.

마케팅의 4P를 유효하게 기능시키기 위해서는 먼저 마켓(시장)을 이해하지 않으면 안 된다. 소비자가 지금 무엇을 요구하고 있는가? 동종업계의 타사의 동향은? 시장 규모는 어느 정도인가? 이러한 것들을 보다 정확히 파악하는 것이 정말 중요하다.

여기서 여러 가지 수법으로 전개되고 있는 것이 마케팅 리서치이다. 신 메뉴를 제안할 때, 왜 이 상품인가를 클라이언트나 경영자에게 설명하는 것도 푸드 코디네이터의 역할이고, 단지 좋아한다는 이유로 설득할 수는 없다. 그럴 때에 마케팅 리서치에서 유출된 객관적인 데이터에 의한 뒷받침이 유용하게 쓰일 것이다.

2. 메뉴 플래닝

메뉴의 기본 개념을 확정하고 기본 계획을 세우는 것이다. 푸드 코디네이터로서 메뉴 플래닝을 하게 되는 분야는 비단 레스토랑뿐만 아니라, 브랜드의 완조리 식품과 반조리 식품 등 여러 가지이다. 메뉴 플래닝을 하기 위해서는 각 콘셉트를 잘 이해하고 기획한 후 메뉴를 개발하는 것이 중요하다.

전체 콘셉트를 잘 표현할 수 있는 메뉴를 개발, 선정하고 상품으로 어떻게 포장할 것인가에 대한 회의가 있어야 하며, 정확한 원가 계산을 바탕으로 타깃과 적합한 가격 설정이 있어야 할 것이다.

1. 콘셉트 제안

의뢰 업체에 따라서 콘셉트를 잘 파악하여야 한다. 레스토랑의 상품일 경우에는 전체 레스토랑의 콘셉트를 기본으로 하여야 하고, 기업이 가지고 있는 브랜드 신상품이라면 그 브랜드와 라인의 콘셉트를 놓치지 않도록 유의하여야 한다.

콘셉트를 선정할 때는 전체 콘셉트의 범주에서 벗어나지 않으면서 메뉴 자체만의 콘셉트를 선정하는 것이 필요하다.

2. 메뉴 제안

의뢰인에게 제시된 메뉴 리스트 중의 일부분을 콘셉트에 맞게 제시하는 메뉴 제안이 필요한데 원가와 주방에 맞게 구성되어야 한다.

3. 표준화된 조리법

선정된 메뉴는 여러 번의 실험조리를 통하여 표준화된 조리법으로 발전되어야 한다. 조리법은 상세하고 기술적으로 만들어져야 맛 전수 시에 용이하다.

4. 원가 계산

원가에 맞는 재료 선정과 그 재료로 만들어진 맛있고 보기 좋은 음식을 개발하여야 하며, 원가를 고려하지 않고 개발된 메뉴라면 아무리 맛있는 메뉴라도 의미가 없다.

5. 메뉴 시식 및 평가

의뢰인이 선정한 메뉴를 맛, 모양, 색상, 양념 정도 등으로 상세히 나눠 고객층에 맞는 패널 그룹과 의뢰인을 대상으로 하는 냉정하고 객관적인 평가 자료로, 반드시 진행되어야만 한다. 또한 메뉴 개발자는 다양한 의견들을 수렴하여 메뉴 개발에 있어 자료로 사용한다.

3. 레스토랑 **컨설팅**

푸드 코디네이터들은 전 영역의 능력을 종합적으로 발휘할 수 있는 직업 중 하나이다. 컨설팅 회사는 아주 많지만 푸드 코디네이터들은 일반적인 컨설팅 회사보다 더 많은 풍부한 지식으로 입지, 메뉴 플래닝 후 상품화할 수 있는 지식과 기술, 인테리어 할 수 있는 미적 감각, 문화적 · 예술적인 능력, 홍보/마케팅 능력, 직원 교육까지 전반적인 모든 것을 컨설팅할 수 있어야 한다.

1. 푸드 코디네이터의 레스토랑 컨설팅 준비 단계

① 음식에 관련된 문화를 먼저 꿰뚫고 있어야 한다.

레스토랑 형태들이 각 나라들로 다양해져 가고 있다. 그러다 보니 각국의 음식문화는 물론이고 음식에 대한 매너, 분위기, 음악을 알고 있어야 더 나은 서비스를 제공할 수 있기 때문이다.

② 조리에 대한 지식과 기술력

메뉴의 개발에 대한 지식과 기술력, 식재료와의 영양학적인 궁합과 조화를 알고 있어야 하며 가장 중요한 것은 무엇보다 위생의 중요성을 알고 있어야 한다는 것이다.

③ 마케팅의 전략

마케팅으로 인해 이윤이 추구되는 것이기에 마케팅은 아주 중요하다. 고객들의 필요, 욕구, 충분 조건을 파악해서 판매 계획, 시장 조사, 판매 경영전략, 가격 정책, 광고 관리, 판매촉진 판촉사원 관리, 마케팅 비용, 전략과 관리, 외식업체들을 각 업체의 상황에 맞게 전략을 세워 추진해야 한다.

④ 미적 감각

인테리어부터 시작해서 마케팅에 관련된 전반적인 자료를 숙지하고, 메뉴판 등 디자인에 관한 미적 감각과 창의성을 가져야 한다.

⑤ 레스토랑 운영 관리

레스토랑을 운영하는 데 있어서 인력수급 문제부터 관리, 지속적인 메뉴 개발, 마케팅과 고객을 끌어들일 수 있는 홍보나 서비스 개발, 세무 지식, 자금 관리 등의 경영 교육과 직원들의 서비스에 대한 교육을 해줄 수 있는 능력이 있어야 한다.

2. 레스토랑 컨설팅의 메뉴 개발

메뉴를 제안하고 개발 할 때 음식의 색이나 영양, 가격 등에 있어서도 세심한 주의가 필요하다. 메뉴는 고객과의 대화의 매개체로써 주방장이나 레스토랑 운영자의 이미지가 반영된다. 그러므로 메뉴를 제안하고 개발하는 데 있어서 이러한 사항을 유의해야 한다.

① 메뉴 선호 추세를 파악한다.

고객들이 최근에 관심을 갖는 메뉴에 대한 분석이 필요하다. 예를 들어 건강에 대한 관심 증가로 건강식 선호에 부응하여 튀긴 조리법보다는 삶거나 굽는 조리법을 사용한다.

② 요리의 장식에 주의한다.

요리를 접시에 담을 때 곁들여지는 재료와의 배합과 배색에 유의하여 같은 음식이라도 보다 높은 부가가치를 창출할 수 있도록 요리의 장식과 조화를 고려하여야 한다.

③ 철저한 식품위생을 고려한다.

원재료의 저장에서부터 출고되어 음식이 생산되고 고객에게 서비스될 때까지의 전 과정에서 위생관리를 철저히 해야 한다. 그리고 원재료의 부패 속도, 보관 상태의 용이함 등을 고려하여 메뉴를 작성하는 것이 중요하다.

④ 신메뉴 개발

음식의 개발은 레스토랑의 지속적인 성장에 동력이 되기에 고객의 새로운 요구에 대응하기 위해 이루어진다. 또한 경쟁 과열 및 대응이 불가피하기에 이런 메뉴 개발이 필요한 것이다.

3. 레스토랑 컨설팅 마케팅 전략

① 품질 전략

과감한 품질 경쟁력을 통해 고품질 이미지를 유지함으로써 고객에게 심리적인 만족을 주는 장기적인 전략이 될 수 있다.

② 마케팅 전략

메뉴의 판촉과 부가 서비스 및 홍보 방법을 통해 차별화를 두거나 고객의 관심을 집중시킬 수 있는 마케팅 혁신 전략을 통해 경쟁력을 확보할 수 있다.

③ 가격 전략

가격에 민감한 고객에 대응하기 위해서 가장 우선적이고 광범위하게 적용할 수 있는 방법으로 운영 전반에 걸친 구조조정 후 실행되어야 한다.

④ 포지셔닝 전략

판매 전략상 메뉴 가격대를 어느 위치의 가격대에 포지셔닝하느냐는 중요한 문제가 되는데 중점적으로 판매하고자 하는 메뉴를 고객이 선택하게 만들 수 있는 곳을 찾아 소비자로 하여금 선택하게 하는 전략이 필요하다.

tip 이미지 마케팅

• 미스터 피자의 "여자를 위한 피자"

기름기 없는 수타 피자에서 여자 피자로 브랜드를 포지셔닝하는 차별화 전략을 볼 수 있다.

• 아웃백 스테이크 하우스의 "한정 메뉴"

고객들에게 새로운 충격을 주었던 마케팅인 한정된 메뉴는 비교적 안정적인 매출을 유지하고 있다.

4. 레스토랑 컨설팅의 인테리어

고객들은 인테리어로 인해서 레스토랑의 분위기와 음식의 종류도 느낄 수 있기 때문에 식공간으로써 중요한 부분이다. 그 외에도 내부적으로 신메뉴에 대한 준비가 끝났다면 소비자에게 보여주는 메뉴북과 메뉴네이밍, 가격 전략과 프로모션의 기획 디자인 또한 중요하다.

고객들에게 보여주는 메뉴북은 브랜드의 제품 설명서이자 브랜드 정체성을 대표하는 것이므로 브랜드의 정체성을 고려하여 일관된 콘셉트로 제작하여야 한다.

5. 레스토랑 컨설팅 운영

(1) 매장 교육

정확한 레시피가 도출되면 주방과 홀 직원들을 대상으로 신메뉴 교육을 실시한다. 교육을 할 때는 충분히 의견 교환을 함으로써 음식 개발자의 의도를 완벽하게 이해하도록 하며 신메뉴를 만드는 과정을 자세히 가르쳐 주어 나중에 문제가 발생하지 않도록 교육을 시킨다.

(2) 거래처 선정

식재료 구입에서부터 시장 조건에 대한 정보를 메뉴 작성자에게 알려 주어야 한다.

(3) 직원 교육

교육 후에는 목표 판매량 달성 여부를 평가해 홀 인력의 핵심 성과지표 항목으로 활용한다. 이때 손님에게 건네는 멘트 및 용어는 통일성이 있어야 한다.

(4) 예산 집행

예산에 대해 알기 쉽도록 일목요연하게 정리해 예산에 대한 차질이 없도록 한다.

4. 푸드 코디네이터의 전망

푸드 코디네이터의 활동 영역도 각 나라와 지역마다 많은 차이가 있다. 우리나라 같은 경우는 일본의 흐름을 따라가는 경향이 많아 푸드 스타일리스트, 테이블 데커레이터, 파티 플래너 등 수년 간 관련 분야에 종사한 후 음식 평론가, 식문화 리포터, 레스토랑 컨설턴트, 레스토랑 PR 매니저 등으로 활동하고 있다. 앞으로 푸드 비즈니스는 미디어에 있어서 중요한 소프트로써 점점 더 많이 활용될 것이다.

반면 계속해서 발전하는 정보사회에서 푸드 비즈니스 업계로부터 정보 소스의 다채널화의 기회를 이용해 적극적으로 미디어를 활용하여 비즈니스 기회를 잡는 계기가 될 가능성도 있다. 앞으로 푸드 비즈니스와 미디어는 서로 두 갈래의 실이 되어 직 · 간접에 의한 관계를 돈독히 하고 발전해 나가야 한다.

1. 미디어 제작에 있어서 푸드 코디네이터의 전망

음식에 관한 관심은 연령과 성별을 막론하고 여러 계층에서 나타나고 있다. 그와 함께 TV 프로그램 · 광고 · 신문 · 출판 · 비디오 · CD-ROM 등 다양한 매체가 음식을 주제로 하여 수많은 정보를 제공해 주고 있다.

거대한 음식문화산업 시장에서는 음식 이벤트 레스토랑이나 호텔에서의 계절별의 이벤트 개최, 식품 · 음료 메이커의 신제품 연구 및 개발 등의 각종 행사가 연구 · 기획되어 실행으로 옮겨지고 있으며, 푸드 코디네이터는 이들 현장에 깊숙이 관련되어 있다.

미디어에 있어서 푸드 비즈니스는 시청률 획득, 광고 획득, 출판물 판매부수에 크게 기여하는 기대를 갖는 분야이다. 식에 관련한 소프트는 불황에도 강하다고 말한다. TV 프로나 신문을 보면 알 수 있듯이 식 관련 프로가 없는 날이 없다. 조금 보는 것만으로도 요리법 소개나 여행 프로, 신 기행 프로, 건강에 관련한 요리 프로 등에서부터 많이 먹기 대회나 버라이어티 프로까지 그 종류와 숫자가 많고 게다가 인기도 많다.

일반 방송국이 아니라 위성 방송 등도 있으므로 현존하는 소프트의 숫자는 방대하다. 서점에서도 요리 관련 책과 잡지는 꽤 넓은 스페이스를 차지하고 내용 또한 다양하고 풍부하다. 홍보 책자, PR 책자 등 식품 메이커가 만드는 책자도 증가하고 있으며 인터넷 등을 광고매체로 사용하는 것은 당연한 것처럼 되어 있다.

그 밖에 CD-ROM, 휴대폰 등 미디어가 계속해서 늘어나는 이상, 병행해서 소프트도 늘어날 것이다. 어떠한 미디어라도 타사와의 차별화가 생명선인 것은 말할 것도 없다. 자신의 정보 내용을 세상에 내놓은 이상, 경쟁 상대보다 높은 우위성이 요구되므로 그러기 위한 요소로서 들 수 있는 것이 우수한 푸드 코디네이터이다.

생활정보 잡지는 어느 슈퍼마켓 체인의 계열 출판사가 발행하고 있으며 잡지의 발매 시 점포의 식품 매장에 가보면 그 재료가 대량으로 있기 때문에 그 재료를 산 소비자는 계산대의 옆에 진열된 잡지를 보고서 그 소재를 사용한 요리를 만드는 법을 알 수 있게끔 새로운 방법을 구축해 나가고 있다.

잡지의 내용은 식재료뿐 아니라 음료, 조리 기구, 식기나 소도구에 이르기까지 대규모적인 판매가 이루어지는 시스템을 만든 것이다. 잡지에 조리 방법이나 도구의 사용법을 게재하게 됨으로써 도구의 정보와 함께 테이블 코디네이터 등이 잡지에 게재되어 사람들에게 알려지고 있다.

일반적으로 미디어와 소비자 사이에는 정보의 교환만이 이루어지지만 이 예와 같이 정보는 물론이고 실제 상품의 교환도 가능해짐으로써 이러한 구조에서 푸드 비즈니스가 발전하고 계속해서 개발되고 있다. 그 중에서도 푸드 코디네이터가 새로운 역할을 담당하는 가능성은 충분히 있다.

2. 파티 시장의 전망

파티 시장 형성과 함께 파티 업체 외 직 · 간접적으로 관련 있는 업체들이 신설되고 있다. 파티 문화가 개인에서뿐 아니라, 기업의 마케팅의 툴(tool)로 자리 잡아가고 있는데, 파티가 상승세를 타고 있는 배경에는 기업과 파티 컨설팅 업체와의 Win-Win 관계가 한 몫을 차지하고 있기 때문이다.

기업은 파티가 점차 새로운 비즈니스의 기회로 인식되어 감에 따라 마케팅, 커뮤니티 창출, 주요 수요층 공략, 수익모델 확보 등 많은 부분들에서 활용될 수 있기 때문에 파티를 통해 광고 및 이미지를 제고하고 상호 간에 비즈니스를 확대하며 신뢰감을 쌓는 매개체로 이용하고, 개인은 소수의 특별함에서 다수의 즐거움으로 시장의 규모와 방식을 성장 · 발전시켜 나가며 경제적으로 새로운 수요를 창출해 나갈 것이다.

여러 면에서 하루가 다르게 변화되어 가는 파티 시장에 대한 기업과 개인의 투자가 늘면서 지속적으로 파티시장에 대한 확대를 기대할 수 있다.

더불어 참신한 아이디어와 감각적인 기획력을 갖춘 푸드 코디네이터의 중요성이 높아지면서 파티 · 이벤트 관련 업계, 교육 단체 · 아카데미 강사, 기업체 · 프리랜서 소속, 파티와 관련된 업무를 진행할 수 있는 다양한 분야로 활동 영역이 넓어지고, 파티에 대한 수요층이 늘어남과 동시에 더 많은 활동을 할 수 있을 것으로 전망된다.

참고 문헌

양향자 저, "푸드 코디네이터 아트", 백산출판사, 2008.

양향자 저, "푸드 코디네이터 길라잡이", 크로바출판사, 2004.

(사) 한국푸드코디네이터협회 편저, "푸드 코디네이터 필기시험문제", 크라운출판사, 2010.

양향자 외, "세계의 음식문화", 지구문화사, 2011.

양향자 저, "궁합이 맞는 와인과 우리 음식", 아카데미북, 2009.

황재선 저, "푸드 코디네이션", 교문사, 2003.

김언정 저, "푸드 코디네이터로 살아가기", 니케, 2009.

김경임 · 김경미 · 정경 저, "푸드 코디네이션 개론", 파워북, 2007.

윤돌 저, "사진 잘 찍는 책", 성안당, 2006.

박란숙 · 오순덕 · 문창희 외 저, "파티! 파티 만들기", 수학사 2007.

강지영 저, "파티 푸드 인 스타일", 비앤씨월드, 2006.

김진숙 · 김인화 · 최우승 저, "파티 플래닝", 교문사, 2007.

윤현 저, "파티 플래닝", 석학당, 2007.

윤영주 · 이기태 · 강위수 · 이재학 저, "파티 플래너 이론과 실제", 시대고시기획, 2009.

김경미 · 김경임 · 유현석, "색채와 푸드 스타일링", 교문사 2006.

식공간연구회 지음, "테이블 코디네이트", 교문사, 2008.

한국색채연구소 편, "컬러리스트", 지구문화사, 2010.

조정용 · 김신 저, "와인이 요리를 만났을 때", 동아일보사, 2008.

황지희 외 저, "푸드 코디네이터를 위한 A to Z", 파워북, 2009.

http://cafe.naver.com/slrdica

http://www.testfreaks.co.kr/digital-cameras/fujifilm-finepix-f80exr/reviews/?page=3

찾아보기

ㅊ

ㅋ

ㅌ

ㅍ

ㅎ

푸드 코디네이션

2012년 2월 20일 초판 발행
2014년 1월 10일 재판 발행

저　자 (사)푸드코디네이션협회
대표 양향자

발 행 인 주 병 오

발 행 처 지구문화사 JIGU PUBLISHING Co.

경기도 파주시 회동길 209
파주출판문화정보산업단지
영업팀 (031)955－7566／7577
편집팀 (031)955－7731
F A X (031)955－7730

등록번호 1979년 7월 13일 제 9－57호

ISBN 978－89－7006－578－6 값 20,000 원